你不必讨全世界的欢心

菠菜——著

中国友谊出版公司

图书在版编目（CIP）数据

你不必讨全世界的欢心 / 菠菜著. —北京：中国友谊出版公司，2015.12

ISBN 978-7-5057-3655-9

Ⅰ. ①你… Ⅱ. ①菠… Ⅲ. ①婚姻—通俗读物②爱情—通俗读物 Ⅳ. ①C913.1-49

中国版本图书馆CIP数据核字（2015）第297381号

书名 你不必讨全世界的欢心

作者 菠菜

出版 中国友谊出版公司

发行 中国友谊出版公司

经销 新华书店

印刷 北京鹏润伟业印刷有限公司

规格 880×1230毫米 32开

8.5印张 175千字

版次 2016年3月第1版

印次 2016年3月第1次印刷

书号 ISBN 978-7-5057-3655-9

定价 35.00元

地址 北京市朝阳区西坝河南里17-1号楼

邮编 100028

电话 （010）64668676

目录

II

过日子就是多一个人玩耍，合则聚，不合则散在我玩类似于“高筑墙、广积粮、缓称王”这种游戏的时候，或者在我信奉“不着急、不生气、不要脸”这样类似厚黑学的时候，我会想，这种话写出来，好吗？我从来不相信有一种生活方式，可以明显优于其他的生活方式，就如同我不相信结婚就肯定比单身过得幸福一样。生活方式是一种无从比较的东西，它没有对错，只有合适与不合适。

这和找异性伙伴一样，除非是明显的犯罪，如暴力或者诈骗，大部分时候，恋人之间不存在什么“渣”或者“婊”。在两性关系里，多多少少总得有一种愿赌服输的豪迈。

否则辛苦的只怕是自己。反反复复唠叨一个男人有多“渣”，怎么怎么的翻脸无情，那毕竟是你情我愿啊，听者不过提供些敷衍的附和而已。而那种把所有的错误都推卸到对方身上的逃避，只会让自己在下一次对垒的时候犯下同样的错误。

在两性关系里，我们需要认真了解、警惕对待的，永远是自己。

自己的能力、自己的欲望、自己为欲望做出的努力和付出的代价，永远要自己来衡量。盲目地认为“我怎么怎么样了，你作为一个男人就应该怎么怎么样回报”，否则就是“渣”……其实是很无聊的，毕竟感情是私生活的一部分，在你气不过拿出来在别人面前进行道德批判的时候，你自己的感情也就死掉了。

我不能教每一个女生如何计算追求和收益之间的投入产出比，我数学不好，自己在追求男人的时候也算不清楚。但总体来说，要相信任何事情都有代价，只是有些代价明显小于收益，可以忽略不计，而有些代价当事人又不在乎，比如对我来说，做一个不靠谱的女人，也许代价是有大部分男人根本受不了我。在追男人的前三个回合，我就会表现出“喜欢你，但我不单单喜欢你”这样一种态度，大部分人就不会觉得这是一种需要认真对待的关系了。

我之所以这么说，是因为我本来就不太在乎一个男人所谓的“认真”对待。在我的理念里，刚刚认识，愿意结识的契合点就是新鲜、好奇和性的吸引。包装再多华丽的外衣，这个基础是不会变的，否认才奇怪。那这个时候，为什么需要“认真”对待呢？这就好比游戏公司新开发一个游戏，最初的目标就是有人来玩就好，不一定要流芳百世啊。那些一门心思想流芳百世的游戏公司，结果都如何呢……

而之所以有男人不认真对待，我也可以处之泰然，是因为我多多少少有一些自得其乐的方式和诀窍。我在一个非常多元化的大都市，日常生活中基本听不到阿姨、妈妈们的闲言碎语，有一份差不多可以养活自己的工作，基本的衣食住行都属于一个人能搞定的状况。同时，我对男人也没有太大幻想，他们就和我一样是普通人，我不否定自己的生活状态，也不想改变别人的生活状态，过日子就是多一个人玩耍，合则聚，不合则散。在这样的状态下，如果有一个男人有非我不可的认真，我倒反而会觉得非我族类，大路朝天，各走一边为妙。

我的经验和理念，是基于这样的现实得出的，但它肯定具有普遍适用性吗？我觉得不是。不适用于这些经验和理念的女人就一定会过得比我差吗？我觉得也不是。我甚至觉得大部分女孩子并不适用于我的女追男理念；她们不喜欢玩，只喜欢安稳的生活；她们从小就安安静静地玩洋娃娃，好好学习，天天向上；她们喜欢三五闺密在一个环境优美的地方喝下午茶；她们喜欢和一个斯文的男人聊人生……她们这样的选择，是不可能用我的方式，简单粗暴比如去喝啤酒、吃涮羊肉，乘机动手动脚斯文扫地的吧。如果你是这样一个安静可爱的集体主义者，你可能觉得我这样的行为很酷、很爽，但你也没必要用我的方式去对待自己喜欢的男人。

首先，每个人二十大几的时候，除非受过重大打击，性格都定型了，学另一个人多多少少会有点尴尬。

其次，就我的观察，许多女性受不了男人不认真对待自己。对于她们来说，不被认真对待是比分手还要耻辱的事情。如果一方面想学游戏人生，一方面又要求对方认真对待自己，这就是缘木求鱼、南辕北辙了。一个吃惯素菜的人，真没必要去吃大鱼大肉，豆浆也是有丰富植物蛋白的，而男人那么多，不可能只有欣赏游戏人生这一款的。

了解自己是什么样的人，接受自己是什么样的人，然后再寻找适合自己的男人，这是一个缓慢接受、摸索的过程。两性关系里是没有必要走捷径的，不可能找到了一个有趣的人，自己就会变得有趣；找到了一个洒脱的人，自己就会变得洒脱……相反，也许盲目接受对方的有趣只会让自己不务正业，盲目接受对方的洒脱只会让自己患得患失。总之，就算真的要改变自己，那也不用先找一个男人啊，因为发现更大的世界从来不需要寻找一个床伴，两性之间除了一点愉悦的时光和彼此身体上的快乐，也没有更大的作用了。独立、改变、勇敢、智慧、毅力这些精神，统统无法靠体液传播的。

也许有时候，你会觉得自己的生活太平淡、阴暗了，所以想看一些看起来很酷的文字来学习，想追求一些看起来很酷的男人。但其实，改变阴暗仍然是先让自己发光，在翻越围墙之前先自己学会飞翔——任何事情都有代价，自由和洒脱也有代价，而这个代价也许会打破你对男人的幻想。你不再期待被一劳永逸地保护，不再相信女人可以做一根藤蔓缠绕在大树身上，你也许会觉得拼搏的时间比你想象的要长太多，因为我们都是平等的普通人。一个普通人要过自己想过的日子，与人互相扶持、互相谅解，同时有一点不足为外人道的纠结和痛苦，让我们一起慢慢长大，渐渐成熟。

我愿意抓紧时间，在你面前保持真诚和美好

学习追男人需要一节很重要的心理建设课，那就是——学会放弃。

还没有追，就想着放弃，会不会有点消极？

其实，这就好像真正理解生命的珍贵是领悟到死亡必然存在一样，如果自己抱着随时随地可以放弃的态度，反而能更愿意去努力。许多女生都小看了“随时随地可以放弃”的力量，她们觉得放弃似乎就是自己输了、吃亏了，好不甘心啊，而没有意识到只有当“能够放弃”这个念头出来以后，仍然愿意努力维系一下的感情，才算把感情之门打开了一条缝。

追求过程中的痛苦，大部分是来自于对结果的无法把控。因为太想要个结果，所以大家都很努力，努力地去看书，努力地去揣摩男人的心思，努力地提升自己……而每当有男人离开，一些女孩子就会反省自己：“是不是我还不够好？”“我是不够漂亮、钱赚得太少、太黏人了，还是我话题太无聊了？”

提升自己，当然是怎么样也不会错的，反省自己，也的确是一个很好的习惯，这些都是我们一个人的时候也应该去做的事情。“舍弃”也许不会让你变得更优秀，但它却会让你有豁然开朗的顿悟：有些事情，我们只求经历，不求完成。

人类最大的痛苦来源于想对幸福的重复（这话不是我说的，但我查不到是谁说的了）。

今天，你认识了一个男人，他身上有让你怦然心动的光环。一开始，你们能说几句无伤大雅的话，你的心就会如小鹿乱跳。拥有了这个经历以后，你开始希望他能对你说一点特殊的话，然后你希望单独约会，再然后你期待肌肤之亲……每一次进展，一开始都会让人欣喜，但接下来却会被不安所替代。哪怕你刚刚结束一场浪漫的约会，接下来的十几个小时，如果他还没有联系你，你马上会陷入一种惶恐：他为什么不联系我？他是不是不那么喜欢我？是不是我有哪里不好？同时，在关系的进展中，女人因为不想舍弃、不肯退缩，就会产生一种强制的惯性：你今天给我打了30分钟电话，明天给我打了30分钟电话，那么后天就还是要给我打30分钟电话，从此以后，天天就要给我打30分钟电话——哪怕没有话题，哪怕彼此很累，哪怕电话里是冷冰冰的沉默……为什么要这样呢？我们是千娇百媚的女人啊，我们又不是巴甫洛夫的狗。

什么样的人才会舍弃呢？我们和巴甫洛夫的狗之间的区别，就是我们可以领悟到除了严谨的科学证明以外，一切都是有意外的。举个最简单的例子，我们都有过一路想着到底吃虾仁炒面还是菜肉馄饨，念叨着到饭店，最后点了一盘蛋炒饭的经历吧。我们连自己这顿饭到底想吃什么都不能百分之百确定，当然也应该允许一个人对我们的感情有所反复。

反复就反复好了，我们多多感激在一起的快乐时光就好。人活着的日子是有限的，开心的日子多一天，那么不开心的日子就少一天。如果在一起不开心了，如果怨恨的日子多一天，那么快乐的日子就会少一天……学会舍弃，其实是学会一种自得其乐的方式：和你在一起很开心，但是不和你在一起的时候也要有其他娱乐和充实自己的方式。毕竟人生不是生离就是死别，而无论结局如何，我希望能带着一些美好的记忆快乐地过下去。

能够舍弃的前提就是一个人喜欢自己、尊重自己，拥有那种不依靠别人而保全自己的骄傲。因为我喜欢自己，所以和你在一起的时候不是为了拴住你，而只是为了让自己快乐而已。和你吃饭就是人生多了一段愉快的吃饭时光，这些快乐时光是非常值得珍惜的。但同时，也要明白，人生并不是只有快乐组成的，那些一直在笑的人，基本都住进了精神病医院。如果有一天，我们不能再重复这个快乐也没必要怨恨，这个也不过是时间到了，缘分了了。我仍然会尽量潇洒乐观地行走世间，不做那些会让你觉得和我在一起是丢人的事情，就如同在死亡面前，我们总得尽量保持生命的尊严一样。我知道我有阴暗的一面，但这阴暗面就让我自己慢慢消化好了，因为两个人之间会有舍弃的存在，所以我愿意抓紧时间，在你面前保持真诚和美好。

你是要一个名分上的男朋友，还是要一段让自己快乐的关系就好像没有万能药一样，女追男并不适合每一个女人，或者可以说，大部分女人去主动追求男人反而会陷入尴尬的泥潭。如果你看见一个心仪的男人想要跃跃欲试，那么首先要问自己的是：我懂不懂付出，有没有赌性？

许多陷入泥潭而难以挣脱的女性，往往是在付出了太多后又不肯收手。她们对一些男人表示了好感，而那些男人也的确对她们有意思。一来二去，他们聊天、见面，一起约会，然后亲热，怎么看，这段感情的开始都非常顺利。

但接下来，女方为了趁热打铁，开始全方位地以男人为中心了，她们忍不住希望每天联系，想要知道男人的情况以便自己能帮上忙，她们经常嘘寒问暖：饿吗？渴吗？要多穿衣服吗？无聊了吗？晚上吃什么呢……她们心甘情愿地进入男人的生活领地，帮忙做各种家务，她们也心甘情愿地在男人说有点事情的时候默默等待。

这固然是一个好女人的品质，但奉献给一个不过说了几句话、吃了几顿饭、互相因为吸引亲热过几次，但其实彼此还比较陌生的男人就不太合适了。这种所谓的好，暴露了一种野心，那是一种太过于希望得到女主人头衔的野心。当一个人觉得自己并不被了解却已经要被控制，他的情绪往往是会逆反的。

他们希望能够在继续交往的基础上保持一点距离。这个时候，他们会试着稍微冷静一下。但这种冷静，在女方的眼里，变成了一种冷淡，女方害怕关系的退缩，就希望互动得更频繁，对于试探的频率也更频繁……有些时候，男人希望保持距离并非是拒绝的意思，但在频繁的试探下，男女双方都开始对对方心有怨言。

为什么会这样呢？为什么顺利的开始、善意的付出，最后却落得个互相埋怨的结局呢？难道是因为女追男不容易被珍惜吗？

不是。只是我们误会了男女关系，在对爱情的讴歌里，我们希望爱情是幸福、甜蜜的，却忘记了感情里面还有无常和凶险的一面。许多女性在想要追求男性之前，都生活在一个付出就有回报的环境里：读书考试，花时间下去总有回报；健身锻炼，花时间下去总有回报；就算是走上工作岗位，也有《劳动法》啊，加班还给钱……但感情偏偏不是这样，感情往往和赌博一样，你下注的时候，也许赚得盆满钵满，但也许也会输得血本无归。

如果是高估了自己付出的能力，又太过于相信付出就有回报的姑娘，她们并不适合去主动追求男性。

毕竟追求本身，就是自己开始投入了。

一个合格的赌徒不一定是一个常胜将军，但他总能把损失控制在可承受范围之内。大赌伤身，小赌怡情，这个道理和追求是一样的。在我们追求一个男人的时候，不需要太过于考虑对方会不会是骗色，或者没有结婚意愿——你只要把每一个男人都想成有好色之心，目前还没有结婚意愿的男性就可以了。这种心理建设就好比去赌博，你已做好赌输的准备一样。赌博不可能发家致富，爱情也不是完全改变你生活的救命稻草，只有把它们当成一种娱乐活动才算是心态建设成功了。

接下来，男人无论是半推半就，还是热情如火，甚至是时冷时热，你都会把他当成一种比较正常的、在控制范围内的变量。你现在手上有一副牌，男人手上也有一副牌，虽然你不知道你们的牌色到底谁厉害，但起码，这个男人在陪你玩下去。只要对方在出牌，就有娱乐的可能性，不是吗？

所以，别急着把牌都出光了。一上手就拼命地提高互动频率，以为这样会提高赢的概率。可是，赢了又如何？男人不摸下一副牌了，你怎么办呢？

疏离是一段关系中正常的进程

俗话说，“只看见贼吃肉，看不见贼挨揍”。在每个人表面风光的背后，当然总有几件……哦，不对，很多颇有点尴尬的事情。比如，与男人交往，就会有离别的时候，在一起的时候感情越好（或者装得越好），离别的时候往往会越不适应。

大部分人（包括我）其实不太会处理离别这件事情，当感情逝去（或者从来没有培养起来过），我们很难堂堂正正地承认感情已经变质。我们就犹如缩头乌龟一样进行冷处理，越回越慢的信息，越来越少的谈话，忽然工作变得多起来，忽然身体变得差起来，累了，不舒服，头疼……“我没什么事，就是想休息休息。”这个时候，爱人越热情，我们反而会越暴躁，私下里，我们希望对方说出分手的话。如果，对方一直不说，我们也不敢决绝地分手，我们会想一些奇怪的理由，然后说：“让我们冷静一下吧。”

作为冷静一派的深入参与者，我发现许多来求助的女孩子因为这一句话变得有点六神无主。其实，说出这句话的人自己也并没有太成熟和太多的深思熟虑，他就是因为不知道怎么办才会说这句话的。这种不知道怎么办有可能是贪婪，有可能是懦弱，总之，只要勇敢一点，“被冷静方”情况根本没有自己想得那么糟糕。甚至可以说，这个时候是“被冷静方”以退为进的好时机。

我当然也有被冷静的时候，所幸的是，那个时候，我已经是一个资深的“被冷静方”选手，想要冷静的一方是怎么想的我不知道，但他怎么纠结又懦弱的心态，我基本上可以预测个八九不离十。所以，在一些隐隐约约的预兆下，男人开始疏离的时候，我反而颇有一种“哎呀，来了来了”的跃跃欲试感。

为什么这么说呢？因为疏离是一段关系中非常正常的进程，特别是我这种经常一见钟情又一拍大腿就去追的种族，很多时候看中一个人的理由是非常肤浅的。这种肤浅的开始当然不打扰我和男人之间出于新鲜感和性张力下的吃喝玩乐，但要培养更深一步的默契，那还是差了一口气的。默契这个东西，往往是只能在解决冲突的时候发现彼此合拍，俗话说“不打不相识”，男女之间也多少会有点这种规律。在没有通过环境预热或者从朋友变成恋人这样水到渠成的关系的时候，萍水相逢的男女往往是通过一点冲突去加深或者解散关系的。

而最常见的冲突就是对对方进入自己生活的抗拒。萍水相逢一段欢愉固然是让人很开心的事，但大部分人都觉得自己的生活没什么不好啊。年纪越长，我们对身边人就会越苛刻，我们没有像小男小女那样一天到晚谈恋爱黏在一起的精力，也不再愿意为什么人改变……如果是一个不合适的人，那还不如继续过自己的小日子。在这样的念头下，欲望已经释放的男人开始对对方产生疏离感。

许多女人会把这种疏离感怪罪于“果然不应该太快发生关系”，每个人都多多少少会怀疑自己的人生，虽然女人经常怪男人不想清楚就发生关系，但“想清楚”本身就是人类的弱点之一。多少哲学家都无法对人生想清楚，所以只是怪罪男人为了发生关系而撒谎未免有点把复杂事情简单化，有点苛求人性了。

最好的办法就是见招拆招，当你接受疏离感是一段亲密关系中肯定会存在的阶段时，反而会在它出现的时候嗅到机会的味道。毕竟，本来吃吃喝喝、睡睡觉，是个女人就能干的，而个体差异在哪里呢？当然就在于对危机的处理方式上。

处理危机，一个是善意的冷静，当你做了“被冷静方”，你要真心实意地明白这的确是解决问题的时候：如果一段关系只能前进不能后退，那么就好像失去弹力而一直被拉伸的橡皮筋一样会绷断。冷静就是你恢复橡皮筋柔性的时候，而表达善意是你要让对方明白你无意挑起一场冷战。如果气呼呼地针锋相对，会加剧提出冷静一方的心理负担，以后就下不了台了。所以，可以象征性地说几句漂亮话，比如“你有需要可以随时来找我”，表示我们买卖不成仁义还在的这样那样的义气。

接下来是积极。作为“被冷静方”，尽量不要显得自己是个受害者。你的确不是所谓的受害者，要明白成年人的交往，在合法的范围内，对方态度冷淡也好，没有展现男子汉气概也好，吃饭要AA也好，都不是一种迫害，只是一种选择。你可以选择接受或者不接受，但不应该接受了以后又抱怨——为自己的选择承受后果，这是成年人交往的第一法则。如果你不把自己当成一个成年人来对待，就不应该尝试两性交往。

在不把自己当成受害者的前提下，就可以更加积极阳光地鼓励自己了，把时间花在创造有意思的事情上会更有意义。你可以考虑在彼此冷静，但自己又暂时不想寻找下一个异性的自主时期里，学一点新鲜的技能，比如去练个球、游个泳，或者开个车去近郊走一走，看一些情感文学以外的文字，写一点感悟（这么说来，你们是不是应该把我的书放下），做点好吃的菜来犒劳自己，培养一两个兴趣消磨周末时光。当然，也可以参与一些工作上的项目或者应酬，多给自己找点活干，没准顺便还能多赚点钱。

总之，好好把握被冷静期，千万不要把这段时光马上转换成“我错了，我都改还不行吗”。改变经常是由内而外的，就算你的确知道了自己的弱点想要改正，也应该先默默地矫正而不是急着要证明给别人看。如果你能经受几个月甚至小半年的被冷静期，情绪大部分时候稳定积极，那才的确算是改变了。

除非在被冷静期里胖了十几二十公斤，否则想结束被冷静期，而又捕捉不到对方信号的时候，就尽量以“不经意地见面”作为契机，一段关系是就此结束还是迈向下一步，不再见一面，光靠一些语言或者文字总是很难做判断的。而且，不管怎么说，女孩子大大的微笑也是武器之一啊。所以，我经常采取的策略是寻找共同聚会的契机或者干脆在他经常出现的地方转悠。

当然了，我的这种策略也有点迷信的成分，我常常觉得两个人在一起也需要缘分，我想和好的时候，正好能撞见他也许也是缘分的一种。至于里面科学的成分和迷信成分到底各占几成，我自己也不明白啦，不过还是蛮好用的就是了。

展示一个微笑，然后短平快地问问他最近怎么样啦，观察下对方的反应，寒暄几句，留个“回头电话联系”的尾巴。然后，再打电话、约吃饭。

约会的时候，倒是可以耍点心机的，以对方的反应来选择自己是表现得开朗一点还是委屈一点。我一般会选择委屈一点（因为我大部分的时候是开朗的，所以希望造成个反差），适当地说几个笑话，然后说说过去的事情，最后低着头默默地玩弄勺子红着眼眶……当然，这些基本都是临场发挥的，去之前也会特地穿稍微性感一点，最好不要让眼妆太浓或者干脆不化妆以防花掉。

如果这个时候男人流露出的是不耐烦或者不置可否的敷衍，那就收一个“不过我现在也不错”的尾，默默地把这段关系放进冷冻箱吧。不过，一般来说，在女方没有死缠烂打的前提下，男人出来吃饭就为了和你撇清关系的概率不大。所以大部分时候，他们会象征性地埋怨几句，或者宽慰几句，但身体已经很老实地和你搂搂抱抱了。

享受一下久别重逢拥抱的时光，但不用急着把事情一晚上做完。过几天再正常地约会，过几天再慢慢把关系回温好了。在冷静恢复期的时候，也是你要学会控制频率的时候。记住你们曾经在因为关系太过紧密的时候磨合过，所以冷静恢复期时，稍微慎重一点，保持频率不要太高。至于什么时候亲密无间，那要你自己来判断与对方之间的感觉，不要急着试探或者一定要定下来。不过，你偶尔可以表表忠心：“记得那次你不理人家，人家很伤心。”

大多数安然度过冷静期的双方，多多少少都会明白，对方在自己身边不是一件理所当然的事情，看似一成不变的事情也会改变：关系可以消失，感情可以进退，身份可以转换。懂得这些道理，双方会珍惜在一起的缘分：我们一个人的时候过得很好，但是如果你在我身边，我会更快乐。

接下来的道路也许也不是那么顺利，不可能因为一次和好接下来就完全顺风顺水，但是因为有了这么一次处理，我多多少少会对自己，也会对对方更有信心。我能让自己快乐，但我也能表达自己的情感；你能离开，但你也愿意继续拉我的手。我明白你完全靠着我，我完全靠着你，都是很累的事情。现在，就让我们手拉手一起走吧。

姑娘，你图的是什么

一些想谈恋爱，又不明白为什么要谈恋爱的女孩子经常会问：“我自己也不需要男人养，就希望有个靠谱的男人对我好一点，为什么却总是找不到？”

因为人难免有缺点，在谈恋爱需要磨合的时候，有时会互相觉得对方是一个傻子。

“谈恋爱那么麻烦，我们为什么要谈恋爱？我现在和家人一起吃吃饭，和朋友一起聊聊天，也很好啊，我才不需要谈恋爱呢。”

“那你就把男人当成朋友的一种，和他们也吃吃饭、聊聊天好了，当然，还可以发生关系哦。”

“我才不要，那不是太便宜他们了吗？”

“这个……做好措施，你情我愿，也很愉快的。”

“我不情愿，如果一个男人对我不好，我干吗要那样做？”

“如果你们聊天、吃饭很开心呢？”

“那他是把我当成女朋友了吗？他准备娶我吗？”

“这个……倒也不一定……只是在一起聊天、吃饭合得来呢？”

“一定要确定关系才可以发生关系。”

“那恋爱也不错的，你们可以试着磨合一下，不过恋爱这个事情，总难免会觉得对方是一个……”

“谈恋爱真是麻烦死了，我又不要人养，也不想和男人发生关系，我干吗要谈恋爱啊？”

“你真的不想谈恋爱吗？”

“我要找一个喜欢的人谈恋爱啊，但是那些追我的我都看不上，我喜欢的我又不敢追，我怕我主动了，他就不珍惜。我担心他只是为了和我发生关系，最后却不对我负责——我也不图他什么，我就希望他对我好一点。”

“可是你什么事情都搞得定啊，你明明自己工作得很好，能力很强。而且，在现在这个社会，你要人接送，可以喊专车；你生病了，可以网上预约专家；你想吃好的，有许多饭店提供外卖服务……为什么明明你会做的事情，还总希望一个男人来帮你做呢？”

“哎呀，男人如果不对我好，我谈恋爱是图什么？”

以上对话虽然有艺术修饰的成分，但这的确是许多女孩的烦恼：“我们谈恋爱，到底是图什么？”许多女孩子，图的就是男人对自己好。但是，人往往是会变的，当初追自己的那个男人，过了两三年，也许就淡下来了，不再殷勤问候，也不再早晚报备，也许你再跟他说自己生活上的小麻烦的时候，他在想着打游戏……这个时候，女人会开始作，而男人就感觉疲劳，女人也知道作了不对，但又满心委屈：“如果你不对我好一点，我们为什么要在一起？”

而另一小部分女人，则遇见了一种更矛盾的情况：那个男人一无是处，他们有一些明显拉低正常生活质量的恶习，甚至有暴力倾向，但他会在某个时刻，做出许多让女人感动的事情。他会死缠烂打地对女人好，在犯错了以后痛哭流涕地乞求原谅，甚至下跪。这部分女生，明明大部分时候被男人折磨得受不了，甚至影响了正常生活，但她们也舍不得分手：“毕竟，他对我那么好。”

而在我这里，对感情的要求就是男人对自己好，这简直是一个两性关系里的毒瘤。没有互相欣赏、彼此成长的两性关系，便类似于主人和奴隶，谁能当一辈子的主人，谁又会做一辈子的奴隶呢？

谈恋爱，到底图的是什么？我觉得是成长，而对成长的验证，是一种成全。这种成全不仅仅是成全自己，还是有余力地成全对方。

一个人并不是到了一定年纪就一定要恋爱，而且越是独立性不够的时候，越是不应该依赖。因为许多事情自己做不了，所以打着爱情的旗号要求对方帮自己做，不做就一副别人欠自己的样子，这与其说是感情，不如说是交易吧。而傻姑娘们在这样的交易里沾沾自喜，却完全浪费了年富力强时去闯荡、去受伤、去痊愈、去成长的黄金机会。如果说得夸张一点，这个时候如果靠美色和心机做成了夜总会头牌，拿钱换一栋不动产，倒也算稍微留下点什么，但为了一点完全可以自己独立完成却只是不想做的事情去依赖一个男人，浪费时间、放弃成长，那容颜变老心智又跟不上时，除了收获一个爱抱怨的黄脸婆外，还能收获什么呢？

恋爱这件事情，本来就是给那些并不想依靠男人什么的女人准备的。恋爱这件事情的出发点就是欣赏，无关其他。我不是幻想这个男人给我的生活带来变化，我也不需要一个男人为我做一些生活的琐事，我只是希望和一个男人待在一起，彼此快乐，彼此欣赏……通过彼此的存在和陪伴，自己的时光可以更愉悦一点，他的时光也可以更愉悦一点，而且，他一笑，我也会开心得不得了。

做一个有能力让爱人开心的女人，并不意味着我们要围着男人转，我们要随叫随到，我们要为他洗衣做饭。不是的，纵容和溺爱是不会让一个人真正快乐的，就好像薯片和可乐不会让一个人强壮一样。一个人的快乐，往往来源于他欣赏的人，也正好欣赏他。所以，让爱人开心，最重要的，仍然是要保持自我、保持真诚，并且保持住那些让他欣赏的点。

女人要保持住自己的知性和美丽，当然是需要大量的自我消化的时间的，在一起的时候我们尽情释放，但也一定要留出默默收集能量的独处和反省的时光……偶尔拒绝几次男人的无理要求，回头再温柔相对，这反而会促进感情。只要明白做什么会对自己、对这段关系有益处，控制住节奏也未尝不可。

控制住节奏，彼此又觉得很美满，偶尔吵架也有解决的办法，不用承诺也会自然而然地保持长久的关系……这个时候，你就会明白，恋爱是一种让自己的付出得到接受的回馈。不是要求其他的回报，而是付出被接受了。他温柔地笑了，这本身就是一种让自己满足的回报。当追求一个男人，看他从开始的拘谨渐渐变得随和甚至天真烂漫的时候，我就能感受到一种满足，以及一种生为女人的尊严。

和身边人一起手拉手，慢慢地看看这个世界

我被问到最多的问题是：“为什么要女追男？”难道女人不是天生要男人来追求的吗？难道女人不是要男人对自己好吗？对于这些反问，我不以为然。男人只是一个统称，但合适与不合适差好多的。我们要寻找的是一个自己欣赏的伴侣，不是那种谁对自己好就跟谁走的动物。我常常和我的男性朋友们说：“你们好好把握现在还有部分女人为了男人对自己好，就会跟你们走的美好时代吧。总有一天，我们会和你们一样占据主动权。我们知道怎么对自己好一点，而在两性战场上，只有让我们欣赏的异性才会让我们动心，我们才会去追求或者接受你们的追求。”

追求，本身就是一种最自由的选择。而人的物质达到了一定程度，必定是需要自由这样的精神追求的。

女追男还不仅仅在于你能放开自己接近一些优秀、合适的异性，更主要的是可以让自己成长。能力越大，责任越大。女追男的世界也是这样，作为追求的一方，我们有义务让彼此的世界更美好一点。我该怎么让这个不认识我的男人认识我，然后不讨厌我，最后和我轻松愉快地在一起？我该怎么一边接近，一边观察他是否合适？我有没有可以更进一步的机缘？我们是不是到了好聚好散的边缘……这些问题的解决有时候会给自己甜蜜和信心，但当中也会充满了反复、迷茫、纠结，甚至痛苦和不舍。

面对这种反复和茫然，接受这种反复和茫然，明白这是作为一个普通人的一部分，明白有些弱点我自己有，明白有些弱点我也要允许别人有，然后心平气和地对待它们。许多时候，人的性格和个性不是一个问题，只是一种现象，问题可以解决，现象只能接受。明白这个道理，调整的是彼此相处的频率和方式，而不是想改造对方这个人，这种接受多多少少会让自己更从容一点。

所以，我们在追求对方的时候，初出茅庐的小姑娘往往是很焦躁的：我什么时候才能追到他？他什么时候才能全心全意对我好？她们在这样的问题里摔过跤、吃过亏、流过泪，也有可能在这些问题中兜了很大一圈迟迟无法走出。希望她们有一天能正视自己，我们追求，是因为我们的七情六欲，我们有，对方也有，我们会反复，对方也会反复。如果追求一个终极结果，我们所有人不是生离就是死别，我们最后都是黄土一抔。所以，我们现在要做的不是追求一个结果，而是求得一个蜕变的过程。

我们本可以是擦肩而过的陌生人，但有机缘相识相遇，我也愿意调整出不同的状态来适应我们之间的距离。我不愿意调整的时候，我也能享受一个人单身的时光。我们合则聚，不合则散，我们只是让彼此的世界多了点色彩。当然，我也感激和珍惜我们曾经在一起的色彩。

我的人生旅途，正是因为有这样那样的色彩，才值得一游。

因为相遇，因为调整，因为可以在一起，也可以放弃，因为彼此感激，因为曾经快乐，因为接受矛盾，我们渐渐成长，愿意接受自己和别人的弱点，也会在预计不合心意的情景时迅速调节自己的状态。我们渐渐勇敢，也渐渐坦荡，然后和身边人一起手拉手，慢慢地看看这个世界。

情侣之间该如何沟通负面情绪

谁能没有个负面情绪呢？但任何负面情绪都一定要告诉爱人才叫深厚的感情吗？这点我不以为然。

有许多故事都会以赞扬的口气说一个女生：她待人落落大方、温柔美丽，有一颗敏感的心却不轻易对外人表露，只有在她最深爱的人面前，她才会做自己，流露出自己不为人知的一面。但接下来，可能就是带着遗憾的口气说许多男人一开始追求她、赞美她，但是得到她以后又离开她，她一次一次地受伤……

有的时候，我坐在我的一些女性朋友身边，听她们说男朋友对自己有多么好，也觉得，女人那“不为人知的一面”有时候也蛮吓人的。还好我是女的，我永远不需要在爱的名义下哄女孩。

有许多女孩，真的是好女孩，但她们实在太看重爱人为自己排解负面情绪这个能力了。在交往中，就变成了有负面情绪要排解，没有负面情绪，创造负面情绪也要排解。在单身时一些可以自己忍受过去的不便利，在有了爱人以后，就变成了一定要爱人帮自己解决，否则就是“他不爱我，要个男朋友有什么用啊”地上纲上线。她们经常埋怨一个男人不怎么喜欢自己好几年，但又一直在交往，她们觉得自己要嫁给他，又想自己是不是可以嫁得更好一点……自怜自哀，负面情绪越积累越多。

村上借永泽的口说“不要可怜自己”，虽然永泽说的是男人不要可怜自己，但时代不同了，男女都一样啊，要维持自己大部分时间健康乐观的情绪。排解负面情绪，第一点，就是不管有没有爱人，都不要可怜自己。

对于任何智力正常、有分辨能力的人来说，对发自内心觉得美好的事物才会产生怜惜之情。一个成年的女性，撒个娇、卖个萌当然很可爱，但经常大惊小怪地展示儿童般的天真和无助，这其实是有点病态的。哪怕对自己的父亲，成年了也要展示成年人的姿态，更何况是对自己的男朋友呢？如果你爱一个人，理由只是终于有了个可以承担你所有负面情绪又不好意思疏远你的人，那不是欺负人，把对方变成垃圾桶吗？

所以，负面情绪化解第一原则永远是：记住自己是一个负责任的人——我是自己情绪的第一负责人。

那么，接下来就有一个问题：有些负面情绪，是对方引起的，该怎么化解呢？

这其实涉及一个磨合的问题，比如一个喜欢吃甜豆花，一个喜欢吃咸豆花；一个想腻在一起看电影，一个想和好朋友打个牌；一个饭前祈祷，一个吃饭吧唧嘴……总之，人多多少少都有和对方不同的生活习惯，而生活里这些琐碎的小事有时候还蛮让英雄气短的。

在这个层面上，我的经验是别憋着，但是要就事论事、合理地讨价还价，行就行，不行下次再找机会讨价还价。贼不偷，贼要惦记，小作怡情。

说到小作，这就是个度的问题了，不作没意思，作大了不讲理，那怎么把握住度呢？我建议在交往的时候，女孩子在大部分时候把男人当成自己的好朋友来看，这样在讨价还价的时候就知道合理的层面在哪里了。举个例子，我们经常会看见男男女女因为怎么见面而闹矛盾：因为离得远，来回一趟四五个小时，那不是周末的时间来看女朋友，男人觉得又送又接的好累，女人则觉得“你不经常来看我是不是不喜欢我了”。但如果对方是同性友人，我们会不好意思经常开口让对方又送又接的，总会考虑是不是把聚会的地方搞得离双方都方便点，或者离地铁近点。晚上走的时候说一句“你送我到地铁站”，既让对方有点绅士的机会，又让彼此不太麻烦。不要因为对方是男朋友就放弃了女性在生活中的智慧，知道什么地方有好吃、好玩的，买什么东西实惠、有用，这本身就是一种能力。良好的关系应该让这种能力1+1>2，而不是让其中一个人在爱的名义下变成一个要对方绝对服从的独裁者。

最后一个层面的问题是自己感觉讨价还价是合理的，但是男人就是不听。这个事情也很常见，比如希望男人少喝点酒，男人偏偏三番五次地大醉而归；希望男人和自己联系下，男人短信不回、电话不接，甚至几天没有个解释……

这最后一个层面，基本就是我们认为的原则问题。原则问题妥协的程度在哪里，取决于我们对自己生活的掌控程度在哪里。那些反反复复在原则问题上唠叨但又不分开的，往往是掌控程度比较差的，她们反而更容易走进负面情绪里出不来。

最后一个层面的最好的负面情绪化解术永远都是：每个人都是独立的，每个人都可以好聚好散。在原则问题上，我相信大部分人都会有自己的判断，不需要别人来劝的，任何人都会知道醉酒伤人，任何人都会知道及时联系是一种礼貌……成年人不需要另一个成年人的反复规劝来明白一些常识。他做出那样的行为，是他的一种选择，当然，他有做出那样选择的理由，但这毕竟是他的选择。而我也会有我的选择，如果我们的生活状态差太多，那么我的选择就是保持距离。不管是刚刚认识、热恋几年，还是结婚很多年，都可以保持这种好聚好散的心态。不是一直在一起才是对对方负责，尊重对方的选择，但同时也保持自己的好心情才是对自己生活的最大负责。

当然，如果在你曾经认为的原则问题上，对方和你有很大的分歧，但你又觉得没必要分手，认为两个人在一起也挺好的，那你自己的原则当然也可以调节。别人的原则真不一定就是你的原则，两性之间双方的原则都是独立而有个性的，在调整自我原则的时候，没必要事无巨细地找第三方评理。所谓清官难断家务事，自己的魅力、信心和能力到底能支撑自己过什么样的生活，这只有当事人本人才能分辨明白。

两性关系的建立不是为了有一个人给你付钱，有一个人陪你，有一个人帮你做家务，有一个人来做你的垃圾桶……两性关系是为了真正地认识自己、磨炼自己在矛盾面前的解决能力，更清楚自己的原则，也懂得适当忍耐。也许说得有点自私，但我们一介凡人，为的还是自己，为的永远是让自己更快乐、更有趣、更有信心自我接受。

黑历史要不要坦白

到了我这把年纪，不管是男人还是女人，多多少少都会有点黑历史。大部分时候，一些蠢事都拿来当笑话讲了，比如说年轻的时候爱上一个浑蛋，或者自己本来就是一个浑蛋。有时候，我会和老朋友说，我在网上写些东西，真没想到还有人看。那些人也就过来看看，然后表示：不想着是我写的，看起来还算有点意思；想到是我写的，就觉得精神病患者也可以在网上冒充鸡汤写手，这个社会搞不好了。

俗话说得好："自从觉得自己得了神经病，人就精神多了。"

有一类人，比如说我这样的，对于自我的接纳程度比较高。说白了就是随便、不讲究，做一个绝对不脱离低级趣味的人。在我们这种人眼中，饮食、男女之大欲存焉，人生在世第一要务就是做爱做的事。

但我也明白，我这种人只是人群中的一个分类，人有各种各样的，如果要让自己活得舒服，那就得选择互相体谅的物种，而不是因为贪图一些其他的东西，去依赖那些非我族类的异性。

两性之间，我不认为有什么大是大非，滥交也好，脾气冷漠也好，穷酸也好，情商低下也好，这只是喜欢不喜欢的问题，不是我们谁对谁错的问题。不喜欢的人，离开就是了，而对方不喜欢你的某些特质，你也得明白，天底下没有人会完全喜欢你，能改则改，改不了的话也只能好聚好散。这世界上不合适的人多了去了，接受这个事实，并不丢人。

鉴于我认为两人之间长久相处，合得来、放得开挺重要的，所以在我的判断里，如果看上了谁并有了深入交往的想法，那么有什么所谓的黑历史就早点坦白：喜欢你的我，是有这样那样的过去，或者这样那样的想法……这倒不是我这个人不爱骗人，我觉得深入交往，指的是一种心灵上的取暖和融合。我之所以喜欢一个人，喜欢到高频率的交流和大面积的摩擦还不腻，还开心，那肯定是因为在他面前，一件事到底是天大的事，还是不算什么事，这是我们两个人可以说了算的。因为有且仅有我们两个可以说了算，所以我们才一见如故，惺惺相惜。

我不需要让论坛投票来接受我，你接受我就好；我不需要让论坛投票来接受你，我接受你就行。

这是私有感情和公众形象最大的不同。对于我来说，喜欢是包括接受的，而要了解一个人会不会接受自己的基础就是：我先尽量真诚地告诉他，我是什么样的人。

所以，我无法帮助那些说自己很爱一个人，但是却许多事情瞒着他，怕被他发现后无法接受，自己该怎么办的求助。在我眼里，两个人并没有真正的沟通和谅解过，这个爱来得是否有点莫名其妙。如果把这个所谓爱拆解一下，会发现那些爱不过就是那个人可以结婚、对自己好、照顾自己、给自己一点生活上的便利。这是多么孤单的爱啊，为了一点点蝇头小利，就要唾弃曾经的自己。这就好像小时候为了讨好老师不被骂才好好念书一样，即便拿到了荣誉，被老师夸了几句，心里充满的仍然是恐惧。我不认为结婚是一种荣誉，婚姻只是一种生活方式而已。当然，单身的人需要朋友也需要爱人，但这种爱人不是那种照顾自己的主人，而是一个陪伴自己的搭档。

我们并不求搭档照顾自己，但没必要让搭档使得我们更孤单、恐惧。哪怕一个人真的发现自己从前的行为让现在的自己不齿，那么也应该堂堂正正地先承认后改正，有勇气纠正过去本身就是一种力量。而拥有这种力量的人，当然更应该去找一个搭档，而不是主人。

至于人生理念就只是简单到有人可以对自己好、照顾自己行了，那得了便宜就要卖乖，知道自己有对方无法理解甚至谅解的经历打死不说的，就好一天赚一天地过，在被发现的那一天，愿赌服输就好。

你和他，睡得下去吗

每个人都有自己不擅长的领域，比如说我，就不擅长精神型的男女关系。我人生中那些可能发展的男人，要么被我无视或者忘记了，要么被我拉黑，那些对我有好感的人会被我时不时地发个消息过去保持下热度，约着见下面，或者选个更加深入的方式交流。

就这么长大变老的我，在接到新生代的来信问这个男人或者那个男人是不是靠谱，自己是应该接受还是应该拒绝的时候，就完全不知道如何作答了。在我的推论里，真要拒绝的时候根本不需要任何人的意见，我每天拒绝多少小哥们儿要电话的搭讪啊——我下班的路上新开了好多健身馆、英语会馆招募会员什么的……你看我向谁征求过意见吗？我曾经想接受一个人，因为他的脸、肩膀到手臂的线条真的很好看，但动手之前，我看了看自己的钱包，心里默默地产生了底气不足的羞愧感，又故作高冷地离开了。

扯远了，我的意思是，想拒绝的人总是默默拒绝了，而那些来信询问的，或多或少，有点不甘心：这个人和自己不一定合得来，而身边又没有其他人可以挑的。

是我的话，就建议去试试，而且我特别不喜欢有些人的建议就是：你们吃吃饭、聊聊微信，记得千万要守身如玉啊。

这种交往是多么灭绝人性而又分裂啊！在我们女性异性恋眼中，男人和女人最关键的不同，难道不就是男人可以发生关系，女人不可以吗？你把钱投资给一个公司，你当然是看你投资了钱以后的回报率，你把时间投给一个男人，难道看的不是发生关系时你们的默契程度？如果你只想知道不睡的默契程度，那为什么要打着交往或者结婚的口号呢？不睡的默契程度，只需要做做朋友就知道了啊。

所以，我就很好心地回信说："如果你不知道该接受还是拒绝，就先从可以睡觉的朋友开始，睡了几个月也许决定就出来了。"

她们纷纷表示这不可能，因为她们是很认真的姑娘。

瞧这话说的，我就是对关系认真才这么建议的嘛。如果一个人在一个异性面前需要刻意地表现出自己无欲无求，还把这种无欲无求当成人生理所当然的常态，这是多么的镜花水月啊。

唉，虽然被姑娘们拒绝了，我仍然要写出自己的方针，就是：当你们觉得这个男人有那么点交往的可能，首先要判断自己是不是睡得下去。睡不下去就不要骗自己了，什么"他人好”“他适合结婚”“他目前是这辈子对我最好的男人”，这都不是理由，也不会让你快下决定。你纠结的时间越长，反而会越不快乐，因为你不是在谈恋爱，只是想逃避自己的软弱，走个捷径而已。虽然拿男人来干什么是个人偏好，但我总认为普通女孩子想通过男人来逃避人生的软弱，这样做的效率是很差的。真的，有这点时间，还不如去背背单词、加加班呢。而且，时间越长，你越会对自己产生怀疑，反而更不容易打开心扉去谈恋爱了。你会觉得恋爱是一件很痛苦的事情，这就好像你觉得床比较舒服，于是躺在上面，时间越长，你会觉得站起来跑步这个事情越恐怖。

那么接下去，也许，可能，反正不排斥睡下去吧。这个时候，就大大方方地尝试尝试吧，你可以约聊天，也可以约做些其他互动，等到自己心情澎湃，就做一些爱做的事情。但这个时候，你可不要觉得我已经接受他了，是他的人了，他要对我负责了。这个时候，你不过是处在蜜月期而已，享受一下快乐的时光，但也要明白许多你侬我侬只是放松时候的一种方式。那人是不是经得住高频率的交往，会不会有冰冻期甚至仇恨期或者无能为力期，这都是个未知数。而且，终身大事也看天时地利人和，如果只通过几个月的观察或者第三者的判断就想赌赢自己未来几十年的幸福，这是不是太贪心了？

所以有时候，与其给远在天边的鸡汤作者写信，还不如自己进行判断：你和他，可以继续下去吗？

如何考察男人

考察男人，或者说得平等点，考察这一段关系，是两个人进展到一定地步以后很关键的一环。这一环过去了，许多人的关系可以更进一步；这一环过不去，大家都觉得别扭，那就别急，继续保持朋友关系甚至一拍两散都可以。

虽然也有人觉得，两情相悦的感情应该顺其自然，考察来考察去未免有点小家子气。同志们，该认㞞时且认㞞。俗话说，“匹夫无罪，怀璧其罪”。年纪轻轻的姑娘家，本来就没有多大见识，身边的可选诱惑又多，在合理范围内找一个不求雪中送炭，起码也得能锦上添花的男子相知相守，这也没什么丢人的。

但许多女生考察男人，完全错了方向和时机：都是在关系还没有开始的时候就一头热地开始了。一个男人，和你说几句话、约你吃几顿饭，这只能算是大家认识的朋友。朋友之间，讲究的是志同道合，你来我往，而不是一个高高在上，一个随叫随到。大部分正常人都需要一份正常的感情寄托，这种寄托基本逃不过“平等”二字——就算小部分SM（虐恋）爱好者，我相信他们也不可能无时无刻都在SM吧。如果在关系还未开始的时候就开启观察大法，这很可能一边把需要两性关系作为生活慰藉的一部分正常男人给吓跑了，另一边给那些把两性关系当成攻略挑战的游戏男儿制造了激励和刺激。

更何况，人可以同时需要情感慰藉和游戏刺激，考察的方式和时间错误，有时候反而会激发追求者心中一些脆弱的阴暗面，就把关系带偏了。

在两个人刚刚认识的时候，不妨大方一点，如果觉得对方不讨厌，就不用太以自我为中心，多关心一下对方的动态，迎合一下对方的话题，出来吃饭、聊天，尽量保持宾主尽欢的气氛。总而言之，这个时候，你没必要去“消耗”别人，也没有必要为了验证自己的魅力花太多的时间在考察上——人不应该通过别人的反应来给自己打分，更没必要鼓励别人不停地给自己打分。如果以年轻的时候男人的撒金或者陪伴作为自己魅力的指标，那不是自己把目标定位成公主了吗？

考察的目的是衡量自己的付出是否有自己满意的回报。这里有两个关键词。一个关键词是付出，如果你没有付出什么，你就没有啥考察的意义——这也是我觉得追求期考察是浪费时间的理由之一，自己明明啥都没有做，能考察出个鬼？对方越经得住所谓的考察，只能表示对方越不认同关系是应该平等和双赢的——和一个不认同关系是平等双赢的人在一起是准备干吗？

另一个关键词是自己满意，许多人拿着别人的标准来考察自己的需求，有些姑娘明明需要情趣相同的男孩子，却又迷恋多金男儿，哪怕对方根本没时间和她们玩。而有些人又正好相反，和男人在一起都已经笑都笑不出来了，还安慰自己“他对我还蛮好的，应该是个好的结婚对象吧”，生生把结婚搞得和被判了有期徒刑似的。

在错误的时候，用错误的回报率来考察一段关系中的平衡，那往往会得出错误的结论。还有可能当意识到结论错误后，姑娘们觉得时间来不及了，几年啊！没时间再找下一个了。

然后，就真的“有期徒刑”了。

所以，我总是建议“广积粮、缓称王”。先不要把对方当成男朋友来考察，而是把对方当成一个朋友来考察，多交几个异性朋友，该吃喝吃喝，该请客请客，该吹牛吹牛，该夸奖夸奖……不用太刻意地把自己当成女人，以为要装成“小白兔”才能吸引人，喜欢“小白兔”的都是大灰狼。先学会让男人在你身边放松下来，而不是让他们伪装成一个人形ATM机（自动取款机）兼陪聊阉割版就可以变成男朋友。

只有当自己愿意或者已经和对方在一起时间很频繁了，频繁到基本没有时间再去认识其他异性，甚至也没有动力去认识其他异性的时候，就可以考虑动用考察大法了。

写到这里，我知道许多男男女女不干了。他们觉得这样顺其自然很好了啊，干吗接下来要没事找事啊？不要太天真了孩子们，人和人在高频率交往的时候，都有很大可能无意当中戳中，或者被戳中痛点的。而且，人和人之间在高频率交往中，必定也会有一方受点委屈的时候，如果一点委屈也受不得的玻璃心，在论坛上都得被拉黑了，在现实里还准备一起生活？女人考察男人，给男人一点委屈受受，但如果男人巧妙地化解了，女人又给点甜头给男人尝尝，这叫什么？这叫小作怡情。

当然，作，或者说考察的时候，的确要明白自己是在没事找事，所以也得学会见好就收。对方如果实在是榆木脑袋，事先一定要说明游戏规则，比如“从今以后，每年情人节你都得送花，卡片上面写上‘我爱你’，除非我事先说不要，否则默认就是要”。别不好意思提要求，许多人的确不知道对方要什么。当然，同时还得记得，自己之所以有能力考察，是因为自己在男方这里的付出足够精准，如果我们把考察说成取利息，那对自己的本金和收益要有所认识。如果本金不足，作得又非常高频率，甚至到了旧的不满未填平，新的不满又跟上的地步，而自己又不愿止损，变成越不满意越要改造对方，越要改造对方越投入了自己的时间和精力，这就不是考察了，这就变成了一场战斗！

考察男人，也欣然接受对方的考察，考察出的摩擦不是对错问题，只是合适不合适而已，不要觉得没有达成良缘就是有一方肯定是“错”了，需要“纠正”。人就是人，人不是一个“问题”，人在生活中只要没犯法，不碍着别人，就不需要纠正。两个人在一起，不存在谁欠谁，谁要对谁负责，谁对不起谁……合拍又肯彼此包容，那就联系得频率高些，不合拍就低些，甚至可以大路朝天，各忙各的。在一起恩恩爱爱，分开得潇潇洒洒，这就是我喜欢的高质量关系。

关于表白的点点滴滴

作为一个从小就幻想哪天在抽屉里收到班上最帅的男生写着“其实我很喜欢你……”的情书这个情节的女性，我本着没人写我就自己写的乐观主义精神，练就了无比强大的表白能力。在那个被“女人倒追就会不被男人珍惜”舆论所控制的年代下，我仍然坚定不移地觉得有趣的表白是开启一段关系最好的破冰方式。

毕竟我自己是个普通人，而喜欢的男人就又只有那么几个。他们看起来也挺优秀的，你追了，当然不一定成功，但你不追，基本上就不会成功。

当然，关于表白，我也是走了不少弯路的。第一次喜欢一个男生，也是抱着“就算是死也要给他留下印象”这么悲壮的心情去接触的。现在想想，与其说这个是表白，不如说这算某种死缠烂打，我基本以向日葵的频率去搭讪、互动，放学假装偶遇一起走一段路……直到有一天，人家和我说：“还是以学习为重……”不过，这不影响我后来还是写了许多我也忘记内容的信给他，还好当时都是手写信，没有留底，否则现在的自己看到肯定会羞愧至死。

但是，现在仍然能回忆得起来，在大学校园里、自修教室里，我怀着忐忑甚至朝圣的心情，一笔一画地告诉对方自己近况的情景。他有时候回，有时候不回，寥寥数语，但看看信封上有他的字迹写我的名字，心里也是高兴的。

也许就是因为体验过这样的喜悦，所以我更倾向于喜欢就告诉他。这个告诉，哪怕是自己有点死缠烂打，只要别太影响自己的生活，那也无伤大雅。不过当然了，我这个人可能比较博爱，因为我记得自己在大学里，的确也发生过“你好帅啊，我好喜欢你……当然了，我也喜欢别人……”这样的无节操事件。

但是，我是喜欢他们啊。当然，这种喜欢只是一种肤浅的喜欢，比如说，有时候喜欢一个男生，是因为我喜欢看古龙的小说，然后发现这个男生有两撇小胡子；有时候喜欢一个男生，是因为我看了《甜蜜蜜》，然后口味忽然从高瘦变成矮胖，但同时，我又会遵循着自己一贯的审美去讨好沉默高瘦的男生……我也不太清楚怎么让他们高兴，除了表达一下“我觉得你挺不错的，我挺喜欢你的”。

我会给他们写信，告诉他们我的喜欢是肤浅的，是不是会变得有诚意，要看机缘。有些男生当然不会理我了（也许他们会觉得我是个神经病），有些男生会问：“到底什么是机缘？”

就是有空一起吃饭、一起出去玩，看看合不合得来啊！

然后，就没有然后了。

表白不是错误，但有的时候，人往往会羞于承认自己判断有可能出现错误。因为不想承受自己判断错误的风险，希望每一段关系都一定要有一个好的结果，所以经常一些恋情发展不顺的坑就变成了由“果然还是不能表白啊……”来背，而一些女生无法释怀男人的离开，也会念念不忘一句“当初可是他追的我啊”。其实表白也好，谁追的谁也好，无非是破冰的一种手段，两个人的亲密相处，到最后可能一拍两散的原因也许是你没有你想象的那么喜欢他，也许他没有你想象的那么好，也许你们的现实没有那么合拍……这些都是通过一些事件摩擦来判断的，没必要让“表白”承担太大的责任。

表白本身，除了破冰以外也没啥别的用处。许多女孩子把表白看成能反败为胜的一招，就是两个人已经暧昧了、互动了，聊了几宿天、吃了几次饭、轧了几次马路了，忽然有一方冷淡了。这个时候，另一方急了：“哎哟，我喜欢他的啊，要不要去表个白？”那这个时候呢，虽然也不是不可以，但就等于和认识的人再报一遍自己的名字一样，反而会有点无趣。还有一种常见的失衡是很急于要个答案，不能操之过急这个道理其实大家都明白，但事到临头自己也难免有点急躁，这时可以用这句鸡汤来安慰自己：“对于普通人来说，两个人第一次见面没有感觉很正常，两个人第一次说话不被拒绝就可以了。”

我们没有沉鱼落雁的容貌，我们不是营销大师，我们没办法靠一个微笑、一句口号来让另一个人马上相信我们。但是，我们总可以多说一点点自己想说的话，我们也可以稍微拉近一点点本来也许只是陌生人的距离：“我喜欢你，我的喜欢当然很肤浅，所以我想到了，我就马上告诉你。至于以后会不会变得真诚，那得看机缘，笑笑就好了，别太往心里去。”

老男人没什么好怕的

也曾躺在床上沾沾自喜过，如果我是一个男人，只怕现在能有几个私生子了吧。好吧，我知道我的想法很禽兽，但如果性别颠倒一下，下限再放宽一点，一个中年男性，差不多的房子，差不多的车子，大钱大闲没有，但请吃饭、看电影、买点护肤品的小钱小闲还是有的，何况我还会吹牛……不过话又说回来，到了这把年纪，年轻的小姑娘只能说是甜点了，经常换换，偶尔带带，和女人买包、买鞋的心情也差不多。

偶尔和酒肉朋友吃饭，他们的发际线越来越靠后，带出来的姑娘越来越分辨不出。他们说，这次我感觉真的不一样，我们也心领神会地敲边鼓说："哎哟，没看出那么多年，你那么认真过……"

这一幕经常在上演，我连我敲过几个边鼓也忘记了。看着那些小女孩开心的眼神，不知道说什么的踌躇，也真觉得时过境迁，当年这些男人，还不是在女人面前连对个眼都不敢？

其实，他们现在也就普普通通，不管做什么事情，总还是觉得钱不够多、项目不够大，该选择的时候站错了边，隔壁老王的公司被收购已经分得身家千万，自己一个月就领个固定工资，没劲啊没劲。有些人的配偶准备生二胎，有些人则为被那些小自己十几岁的男孩叫成大叔而悲伤。

是的，按照现在网络的标准，他们应该算大爷了。

不是我不明白，这个时代变太快，我们就这么变成大爷、大娘了。

有时候，我也在想，不知道他们的那些小姑娘会不会回头去各大论坛发帖，说认识一个大叔，他追得很真诚，温柔体贴，还带她见了朋友，但是最近好像就渐渐冷淡了，怎么办?

其实没什么怎么办的，你把见面的频率放低，你几个月才去问候一下对方。你只要一副对自己的现状很满意、很骄傲的样子，你只要眼神中充满神采，那些大爷还是愿意和你在一起的时候献殷勤的。我们这种人的殷勤不值钱，我们有丰富的经验，擅长对着谎言微笑寒暄，我们也对懵懂的青春有点怀念，这个时候就会希望有一个阳光男（女）生出现，就好像当年的校花、校草在人群中多看了我们一眼。当时的自己手足无措，现在的自己已经身经百战。

总之，不要胆怯，因为我们献殷勤的对象，其实是我们的幻觉。校花、校草都已经生了二胎，我们也差不多没有了腰线。他们自己都知道这种游戏规律，不值得真心对待，但如果你开始胆怯，觉得和老男人在一起是你最有价值的未来，然后开始以为他们是你的真爱。你把你所有青春的时光都用来猜测老男人的行踪和心思上，或者说，你觉得女人的光荣就是不上班老公也养得起，那你既得不到男人一半的家产，也把控不到男人一半的自由。你的青春还不如我们当年那么精彩，你要知道，虽然每个人都做过不少青春的荒唐事，但在回忆里，都觉得自己有趣、可爱。总之，在过来人的回忆里，青春应该是充满了不安分和嚣张，当他们把年轻姑娘作为甜点的时候，他们反而是希望能被那种青春的不定性所感染。他们喜欢那些初生牛犊不怕虎的、不把他们太当回事的嚣张，因为在他们的生活状态里，有太多人需要他们负责，他们虽然能有一时冲动去给一个姑娘献殷勤，但他们的确没有太多的想法要保护一个姑娘的现世安稳。

所以，你越希望在一个男人身边得到安稳，你越会害怕，而你越害怕，你可能犯的错就越多。其实，你是他们的甜点，他们也应该只是你的甜点啊，但要有可以自己搞到正餐的信心。这点信心，和为了配合这个信心培养的技能，是你自己的立足之本。

不要一头热地说×××真的不一样，不要害怕错过了这个就没有更好的生活。的确，也许没有年长男人的宠爱，可能有些消费现在舍不得，有些经验现在学习不到，可其实现在这个潇洒的老男人，当年也有紧巴巴并且茫然的青春，所以紧巴巴和茫然的青春不会磨损人的魅力，却有可能让人更有经历的沉淀与自信。

那些宣扬女人的青春不应该吃苦，应该去让男人呵护、去走捷径的胆怯洗脑，才会让一个人对时间越来越恐惧，恐惧自己魅力消失，恐惧自己的马齿徒增。

也许老男人真的很成熟、很聪明、很会温柔呵护，和你身边的小男生不一样，但不要忘记，你也是这个世界独一无二的存在，不要为了害怕失去他们的欢心而把他们当成世界的中心，也不要因为害怕被吃豆腐而不敢和他们说一句话。其实，你只要在这个世界上碰几次灰、滚几次泥，然后站起来笑一笑继续走就好了。有句话说：“泥巴总会干掉的。”而你也总会知道，老男人和你身边的小男人一样，可以调戏，没必要依赖，更没什么好怕的。

追求失败有时候是输给对自己的舍不得

之所以忽然有灵感写这一篇是看到两个很典型的案例。一个是昨天看见的，说一个姑娘喜欢一个貌似有女朋友的男人，那男人也知道姑娘喜欢自己，却不拒绝和姑娘继续玩暧昧，这个姑娘问下一步该怎么办。还有一个是今天早上看见的，一个姑娘说和她喜欢的男生微信互动得不错，但有些话题一说，男生就回避，姑娘又担心把他约出来有难度，所以不敢见面，问下一步该怎么办。

我为什么说典型呢？因为这是典型的明知自己的目前进攻手段已经无效，但由于还未见大的损失，所以舍不得脱离这种暧昧舒适区，听天由命进入纠缠泥沼的典型。

许多女生有一种错觉，就是用追求的时间来衡量追求的效果，认为我们聊了三个月，效果必定比我们聊了三天好，我们如果聊一年，那总归比聊三个月好。所以，她们幻想聊三天约出来太唐突，等三个月吧，到三个月发现男人还不是很热络，那再聊聊再说吧……这种错觉就类似于我在挖一个金矿，我挖了三个月不见金子，但我相信金子永远在下面，我就永远地挖下去。

其实，两个人之间微妙的感觉有时候和时间不成正比，甚至有时候，交流不当会使一开始因为陌生而新鲜的暧昧刺激荡然无存。在准备开始一场战斗的时候，你可以做许多准备，对一个男人有好感，侧面地接近他的圈子。你准备一年半载都行，但在不那么熟悉的情况下，你让他知道了你对他有意思，而自己也开始发动主动进攻的话，那么这个战术就是一鼓作气，再而衰，三而竭。

先看清楚前提，这个是你发动主动进攻的节奏。如果你让他知道你对他有意思，但你也可以沉住气不进攻，类似于“我喜欢你，但我懒，你自己看着办”的沉稳，不在我们今天的讨论范围内（这种沉稳也是很棒的，既表达了自己的好感，又以逸待劳，随遇而安）。大部分女生年轻气盛，很容易自己就发动进攻啦（我年轻时候也是啊）。这个时候，控制节奏就很重要了。控制这个节奏为的是判断，判断自己还有没有进一步的可能性。如果没有，就要承认，然后换个方式方法，而不是任由自己沉沦在舒适区。

沉沦在舒适区，在我看来，是比追求失败还要麻烦的事情，因为他给了你一个幻觉，但没有任何进展，又不提高自己任何技能，身在局中也没有啥反思总结的机会。多少人在经历了一场当断不断的感情以后，到了年近三十仍然天真梦幻得宛如少女，其心智与其应有的阅历严重不符，生活陷入一种矛盾的虚无中。这是因为就在应该战斗的时候，不想走出舒适区，被一锅温水消磨了意志，虚度了青春。

所以，我希望那些看着我文章长大的小朋友，你们青春年少，追男人请一不怕苦，二不怕死。如果你主动发起进攻，请认真判断自己的局势，一旦陷入了纠缠区，就记得图穷匕见，换——战——场！

男人对你的聊天有互动，不要拖延时间了，约见面。约见面不需要额外解释，因为他在知道你心意的前提下和你每天聊天，就是你们约见面的理由。对，你很担心见面的时候表现不好，或者自己现在还没减肥成功，或者不知道穿什么衣服，或者不知道说什么而把事情搞砸了，那你可以约个不那么容易搞砸的场合嘛。女人喊男人修电脑这么千百年来的智慧结晶，用上吧。还可以陪你买本书、买个手机、买个电脑，约个下午出来逛逛（因为据说，在移动的过程中，大家都不容易尴尬把事情搞砸）。你可以先埋下伏笔说晚上有事情，所以晚上不一起吃饭了。当然，如果是对男人的外在更看重的话，我觉得这个法子很简单还不用买东西，就是找借口说："我现在心情不好，求出来安慰。"出来以后，找个机会吻他一下，说："我现在心情好了耶，你呢（不过我知道你们都更看重内在，我还是不要教坏小孩子们了）？"

如果男人基本是拒绝见面的节奏，你就要视他的理由以及后续有没有再约的氛围清醒地认识到，这张牌打出去他不跟了，你还要不要继续出牌，停一下，观察一下。

如果他拒绝了你，你可以和他没拒绝你一样，你仍然每天围着他转，聊天啊，说笑话啊，假装畅想点暧昧的未来啊。只是此时，你不是在认真地追求一段关系，而是在打发自己的无聊时光而已，但用不认真的态度来对付无聊，只怕这个进程会越来越无聊。你亲手把青春带入了一段鸡肋关系中，食之无味，弃之可惜。

总之，现代人有太多的间接联络工具，比如聊天、微博、朋友圈点赞，这种间接工具的确填补了大量的碎片时间，让你产生了你们每天联系、关系很好的幻觉。舍不得脱离纠缠的舒适区，让你不急着进攻，也害怕失败以后时间无法打发。许多人说自己没有执行力，许多人又觉得自己爱无能，但如果你希望自己在爱人面前是不可替代的，那就尽量不要让自己被工具驯服，变成那种“许多人”。

好好地见面，好好地计划在一起的时间，好好地找各种机会占点便宜，哪怕真实的你的确不是对方喜欢的那样，那也是堂堂正正、尽心尽意后的失败。接受这种失败，你可以更好地接纳自己、放开自己，更好地把握世事无常，珍惜现在。

当你尽力以后判断出仍然没进展，请相信自己的判断，不要以为拖下去总会有结果。别在舒适区里舍不得放弃，放弃也是一种成长。当然，所谓的放弃，不是说正儿八经地去说绝交——你们没到这份儿上，而是学会重新分配自己的精力和时间，学会不再加码，渐渐淡出，不要被自己不知怎么打发时间的无聊和不甘所打败，慢慢明白，相忘于江湖也是很潇洒的态度之一。

妹子，你会追男人吗

因为我在网上经常吹牛，以至于妹子们会产生一种错觉，就是听了我的话，高富帅就可以随便泡了。总之，我经常会收到这样的求助，就是她们很具体地描绘出一个男人的各种细节，然后问："接下来该怎么办才能追到他呢？"

我哪知道怎么办啊，我所有的追求都基于走一步看一步。如果说有十个男人我第一眼觉得不错，那可能有五个在说过三次话以后就没啥想法了，还有三个在吃过一次饭以后又没啥想法了……那种一眼就知道"是他，是他，肯定是他"的情景，或者俗话称"真命天子"病，路人是不能理解的。为什么呢？因为那种"是他，是他，肯定是他"就属于缘分来了，但是缘分怎么可能是通过别人的操作手册就能搞到手的呢？所有的操作手册无非是提取过去经验所做的个人总结而已，我不认为那种独一无二的、外人不足道的缘分，或者说，突如其来的爱情，有必要在操作手册下进行。

所以，女追男第一类不适合的人群就是：你相信他是你唯一的爱情。

作为关系里的主动方，我们往往需要比被动方更多一分理智和清醒。而保持理智和清醒则需要自己在一个良好的状态：饿极了去点餐，往往会多点垃圾食物；在感情里也一样，只有在不那么饥渴的时候，对异性做一些判断才会更接近于客观；如果一上手，就已经觉得离开他我做不到——那就只能自己加油了。路人不会去指导一场主帅已经丧失理智的战斗，毕竟在路人的思维认知里，离不开的是毒品。

良好的追求心态，在于我追他的时候，很有趣，我追上他，也许会有不一样的体验，但如果他对我没意思，那没意思就没意思吧，我也不损失什么。所以，女追男第二类不适合的人群就是：你拥有着不怕损失的大无畏精神。

任何人都是凡人，凡人的精力、时间和金钱的分配都是有限的。特别是年轻的时候，追男人的时间应该是见缝插针——追求不是体力的重复，和跑步不一样，你跑了三百米，再跑一米肯定是三百零一米，追求的不确定性在于你不明白你的行为能得到正反馈还是负反馈。这不是一分耕耘，一分收获的事情，追求其实是一个不断调整自己状态的过程。而这当中，警惕自己的负面情绪过度泛滥，是每一个追求者的必修课。

如果你一个短信发过去，对方不回，你要坐立难安半天，你会吃不下饭、看不进书，什么都不想干，只在那里想：我哪里发错了，我哪句话说得不好，他在干什么呢，他是不是觉得我烦了……这时候，就应该胆小一点。承认自己承受不起这样的时间损失，不要再采取行动了。如果一开始，你根本没办法掌控自己的负面情绪，采取的行动就应该机械一点，类似于从1+1=2开始锻炼一样，强制给自己定频率以免造成太大的损失。在追求初期，调整情绪要比其他很多事情更值得注意。我虽然自己觉得找人吃饭、聊天、吹牛很淡定了，但在交往初期，我主动的频率也不会超过一个月一两次，因为人非圣贤，都有得失心，不要考验自己，把损失圈定在可承受范围内的最佳途径，就是我的投资额度哪怕全部赔光，也不会超出可承受的范围。

那么，第三类不合适的人群，就是和第二类完全相反：什么都输不起的人。许多女生把女追男定义成“我已经表示了我喜欢你了，接下来你就应该明白了，对我好一点”，而如果男人没有这个反馈，仍然以礼相待或者冷淡相待的话，女生有时候会不断地骚扰对方，有时候会恼羞成怒，反目成仇。她们会口口声声地追讨：“如果不喜欢我，那就明说。”如果没有说，那么女方的每一次示好，男方就都需要回报。如果不回报，男人就是“渣男”，女方就是被骗，最后演变成女追男都没有好下场，男人不懂珍惜。

追求本身包含了对自己和彼此的考量，对男人示好的目的是希望对方能给自己一点靠近的机会，如果对方只是客气客气，那也没必要操之过急。在追求一个男人的时候，女人自己本身应该是饱满的，不是在追求一个主人，也不是追求一个救世主，只是找一个搭档而已。女人自身的饱满也包括对自己目前生活的满足，并不是追到了，我的世界从此就阳光了，而是我本身就是一个阳光灿烂的世界，我只是邀请一个人进来而已。你不进来，没关系啊，我仍然是那个阳光灿烂的世界。

美好的追求就好像种一盆花，你有节奏地浇水，你施肥、杀杀虫子，但花开不开，那再顺其自然吧。玫瑰花固然美丽，但你应该也拥有花以外的有趣世界啊。

每对恋人，一开始都是开心的

作为一个非和平爱好者，在遇见那些婚前或者婚后发现双方已经积怨已久，基本上属于分手了还能骂对方三年“渣男”或者“贱人”的案例，我就默默地出了一丝冷汗：他们谈恋爱的时候，在谈些什么呢？

于是，我很认真地考虑一个问题：为什么大部分人，往往在最甜蜜的时候确定关系，难道他们没发现这是一种人性的弱点，很容易导致被甜蜜冲昏了头脑而无法好好判断吗？照我的意思，确定关系前没吵过架，就和婚前没发生过关系一样让人无法理解。总之，他们的婚恋观肯定和我完全不在一个路子上。

我的婚恋观是，两性关系就是大家合则聚，不合则散的旅伴。当然，如果真的很聊得来，我完全不介意改变我自己旅行的方向，和对方一起看看这个世界。但在改变之前，多多少少，我要权衡一下。因为作为一个自恋的人，我希望我的选择是出于自己某种程度的理性，而不是出于对欲望的屈服。

在一起不可能都是美好的，肯定会有一些麻烦，人与人之间，长时间大面积接触，不产生冲突的概率实在太小，小到我不会把它当成我生活里的一部分。所以，在我做出改变之前，我或多或少，有意无意，会和对方产生几次摩擦。或者说，只有产生摩擦以后还继续看对方顺眼的男人，才会有继续走下去的缘分。在某本小说里，女主角发现男主角不适合自己的时候，非常痛苦，因为他们在一起男人对她很好，她也很幸福，她说：“我们在一起明明那么开心。”她的朋友劝她，每对恋人，一开始都是开心的……

一开始两情相悦，虽然很美好，但其实不过如此，要想培养出那种相信我们在一起是好搭档的信任，多多少少要互相了解对方的能耐。这能耐当然包括在不如意时，彼此的控制能力和转换能力。在双方刚刚认识没多久的时候，恰恰不用先急着规划未来，那些刚认识几天，就说买什么房子、生几个孩子的，要么太乐观，要么太自我。我经常会在一段感情里说“急什么，到时候再说吧”，这在有时候可能会激怒对方的。

在感情里，每个人或多或少有点虚荣心，都希望对方对自己有所迷恋。因为这种虚荣心，所以偶尔会做点傻事，理所应当地觉得自己有权利要求对方来迁就自己，而如果对方不迁就，就会有失落和恼怒。许多人会说，没有安全感啊，所以要对方怎么怎么样。这种所谓的没有安全感，多多少少，只是控制欲无法满足的失落。

我和你合不合得来，不仅要看我们感情有多好，还要看我愿意为你控制多少自己的控制欲，又能够为你控制多少自己的控制欲。同样，我也要看看你能够控制多少对我的控制欲。当你发现控制不了我时，你是会走开，还是会接受。每当男人要改变我的时候，我都会表明“我愿意和你在一起，但是有些事情我不会改”的态度，有些人觉得我没诚意，那就走开。我自己也会有意无意地想控制别人，如果控制成功，我反而会陷入一种“为什么他的人生，偏偏要听我指导”的失望。我可不想成为在亲密爱人面前还要好为人师的败类，我会自己默默走开。而最终在一起的，都是曾经也考虑互相控制失败过后，有点钦佩对方，类似于不打不相识的好搭档。

在互相控制的时候，我们当然会吵架，会觉得对方不可理喻，会气愤，会冷战，也会互相看不起。但总有那个人，会让你舍不得就这么离开，会让你想到今后的时光里如果看不见他是一件遗憾的事情，会让你相信办法总比困难多。而且，更巧的是，那个人也是这么相信的。于是，在吵闹、冷战，过去几天甚至几个礼拜、几个月的时候，我们又坐在一起，彼此客气几句。然后在接下来的一段时间里，小心翼翼地观察，观察那件让我们产生矛盾的事情，是不是大家都默契地各退了一步。

然后，当事实验证了观察以后，我们之间有了一个彼此的不足为外人道的秘密。我开始渐渐不再把对方看成一个过客，而是看成可以信赖、可以撒娇，也可以放松的自己人。

来，做一个会坏笑的女孩子

一位酒肉朋友前几天抱怨："怎么过年打你电话你都不接，架子大嘛。"我一听就明白他打错手机了，不过也是自己不好，换手机号码的时候没有挨个通知。现在这个世界联系方式太多了，手机、微信、QQ、常年混迹的几个论坛，抬头不见低头见的，没个号码也没多大事，除非是临时想约个人喝酒倒还真不好找人。

自从有了娃以后，还真没有临时约过酒。即便兴致上来，你也得先安排好晚上谁去接娃放学。当然，我是一个善于计划的人，我每周总排了一天把这个工作交给孩子的爸爸，再排一天把这工作交给孩子的外婆。合作产生力量，孩子需要爸爸、外婆……我都是这么忽悠他们的。

我需要点自己的，而且不那么健康的时间。

作为一名中规中矩的妇女，我有许多优良的习惯；早睡早起、坚持读书、经常跑步、与人为善、路见不平拨打110……但同时，我也有许多不那么健康的爱好，比如说，我曾经沉迷打游戏、喝酒吃肉、论坛拍砖，还有就是看见帅哥调戏调戏。

我一直很想把我调戏帅哥的理念传播到千家万户，但是大家还是觉得我不正经。不过，我时不时仍然要坚强地说一句："漂亮优秀的妹妹们，有时候，你们何必那么正经？太正经了很紧张的，而其实人类，恰恰不是那么喜欢紧张的。"

我相信许多女孩子心中也有一些幻想，喜欢有点小坏的男生来勾搭自己一下，但同时，她们当然希望这个男生还是靠谱、善良的。可是我觉得，如果一个女生真的是以独立自主来要求自己的，不屑那些靠嫁人来飞上枝头做凤凰的话，那在一开始认识一个男人的时候，没必要把对方当成一个圣人。一个男人，只要不想着花女人的钱，会主动做防范措施表明不会让女人随便打胎，然后没有暴力倾向，也就到及格线了。

那些及格线以上又看着顺眼的男生，也许他们出于年轻的自卑和茫然，压根就没有小坏的闲情逸致和胆量。他们还在用送早饭、修电脑去讨好他们心中的女神，他们还处于觉得一个女孩笑得好看就发誓要守护她一辈子，自认为一定是有一颗真心的"蚕宝宝"阶段。我当然认为我有义务解救他们啊。

我喜欢看他们傻乎乎的样子，喜欢嘲笑他们的真心是多么不靠谱，喜欢听他们说对某个女生有多么热脸贴了冷屁股。我则以有点恶作剧的口气说："真可惜，她们不知道你好在哪里，我就觉得你的手特别诱人。"他们有一点疑惑，有一点困窘，当然也有一点得意。小灰灰在讨好美羊羊，小红帽也许是个红太狼。

为什么需要一个坏坏的男生过来解救女生呢？为什么自己不去做个有点小坏的女生呢？

许多优秀的女孩子都觉得自己要做一个好人，但她们理解的好只是独善其身而不会再进一步兼济天下。她们每天一板一眼地遵守着各种规定，却舍不得把自己的善意对周围人释放一点。她们不愿意以一个有点不靠谱的女性朋友的身份去围着一个男孩子转，因为她们害怕那样会迷失自己，所以就找不到男朋友了。却不知道，男人就是男人，他们不会因为有了“男朋友”这个头衔就变成圣人。她们充满了好学生情结，以为做个好人，老天就会给回报，以为恋爱就和高考一样，一枪中的，考个好学校。

恋爱不是高考，恋爱不过是一种对生活态度的理想化演习，但生活终归要你恢复到自己最自然的样子。为什么许多人对有点小坏的人无法抗拒？因为这些人的常态就不那么计较，不把自己的得失看得很重，我对你好，因为我开心，我打击打击你，也是因为我开心。你喜欢，我们继续这么处处，你不喜欢，我笑笑走开就是了。

许多好人很希望有人替自己负责，当然，她们也严格要求自己可以为别人负责。她们一方面逼迫自己优秀，一方面也逼迫别人优秀，但大部分人需要的伙伴是他接受我本来的样子。如果抛开激素的影响，连对方都没法对视的一对，又怎么会变成一对靠谱的情侣呢？

激情只管几年，也不能把人生理念都赌在上面，不是吗？

所以，别人说女孩子要正经，我倒觉得，只要你的理念是自己养活自己，这辈子准备靠的是自己，那就完全可以不用太正经。找男人和种花、养狗、做刺绣、读书一样，先从一个兴趣爱好开始着手，没必要上来就把一个男人当成自己一辈子的目标，这就好比你知道养个多肉植物和做园丁完全是两回事一样。我们可以不正经地去找他们聊聊，去笑笑他们的糗事，去摸摸他们的手，然后还是该干什么干什么——不用逼着自己动心，不用逼着自己负责。所有优秀的文学作品都不是高考作文里出来的，如果你相信爱情是一种艺术，需要说不清道不明的缘分，也需要后期的辛苦磨合，那么你就能想明白，和一个男人说几句话只是用开放的心态保持自己的活力而已，连关系的开始都不算。你不用急着对任何人正正经经地负责，你只要考虑自己怎么玩得漂亮就可以了。

来，做一个会坏笑的女孩子吧。

幸福有许多种

经常会被熟龄女性问道："我什么都会，还要男人干什么？"经常会被幼龄女性问道："他除了名分什么都给得了，我该和他在一起吗？"也曾经经常会被男人问："你到底喜欢我哪里？"

照我看，这三个问题都差不多，他们都误会了男女关系，起码误会了我这一类人理解的男女关系。如果我主动去要，想得到一些物质上的满足，顺便让时间过得有点意义，那个目标，我希望是通过上班来实现的。谈恋爱不是这样的，谈恋爱是我已经对这个世界比较满足，然后，我想把这种满足分享给某个人。当然了，我也不是活在真空中，也不能太降低我生活的物质质量。

我知道有些女人在两性关系里不那么容易满足，她们以为男人有钱就很了不起了。当然，男人有钱的确很了不起，但那是他自己了不起，和女人基本上没有一毛钱关系。有些人以为我有过一个有钱的男朋友，或者追我的人曾经多么有钱就是一种身份的象征，是曾经经历过的最值得炫耀的回忆。殊不知，这反而显示了现在的你有多贫瘠。

最重要的东西，永远不可能是别人给的。那些说男人除了名分什么都给的，也太高看一个男人了。或者说，太高看“他人”，而小看“自己”了。“他人”就是“他人”，无论我们多么想依靠一个“他人”，生命仍然是依靠我们自己来充实的。就好比一朵花如果没有根，再肥沃的泥土，再定时的浇灌，再悉心的照料……不要说开花的问题了，几天里会不会枯萎都是个问题。

幸福，就是那朵你希望在自己的生命之枝上开出的花朵。外在条件的确很重要，但自己得有根啊。

除了金钱和被爱慕以外，女人不应该忽视其他方面的幸福。比如说，自由思考，深入理解某类知识；比如说，体会某种艺术的敏感和强大；比如说，被自己喜欢的人所需要；比如说，为自己所要追求的真理或者生活方式而努力。这与年轻时获得的被动爱慕不同，这些方面的幸福无不需要岁月的累积和自身的主动修炼。而修炼这玩意儿，据说只有两个最好的时机，一个是想当年，一个是现在。

其实，我完全对那些物质女孩不反感，甚至用身体来换取金钱的女孩，虽然我国法律不允许她们这么做，但我个人也没必要去说三道四。她们也是为了坚持她们的生活方式而自我选择、自我承担，这是她们自己的事情。可有时候，我看不得浪费啊，这种浪费来源于某一类女孩子，她们在两性关系里，不相信自己所创造出来的幸福感，太执着于“男人一定要给自己幸福”这一点。她们苦苦追求所谓的好男人。而这些好男人，很有可能工作太忙，她说他不关心自己、不够爱自己；工作太闲，她又嫌弃他不够努力、不够上进。她们自身的条件并不差，但只要男人不能给她们的物质锦上添花，或者不能带来阶级上的碾轧，她们就会怀疑男人的使用价值。

为什么两性关系里，我们常常觉得是男人赚便宜了？其实，那些“赚便宜的男人”本来要的就挺简单啊，和你在一起，说话时开心点，舒舒服服地亲热一番，不就行了吗？其他的关于事业、关于金钱，这都是我自己的事情吧？而女人，往往单身的时候很独立，一恋爱，就马上变成“我的事不是你的事吗，否则我要你干吗呢”这样的思维方式。你背过喝醉睡着的人吗？当一个人自己不使劲，他的重量还真不一定是别人可以负担的。

幸福有许多种，而且大部分的品类不是那种他人可以给的，而且这种幸福就和知识一样，是可以分享的，甚至必须要分享才会有所体验。你有一个苹果，我有一个苹果，我们换一换，还是只有一个苹果，但你有一个知识，我有一个知识，我们互相倾听，我们就都知道了两个知识。

你有一颗保护我的心，我有一颗保护你的心，我们互相分享，在这个世界上，我们拥有了一个相爱的人。

你知道靠脸混有多重要吗

有女人问："外表到底有多重要？不美，是不是不可能有男人会喜欢我？"

也有男人问："外表到底有多重要？我丑，是不是不会有妹子看上我？"

最简单也最温暖的回答，一般都是老老实实地说："外表真的很重要，你还是去减个肥、化个妆、换个发型……"外表的确很重要，但是，其实，那个，减个肥、化个妆、换个发型……该丑的还是继续丑啊，最多，他能让人丑得不那么明显，但那些以貌取人的人，该不考虑让你做伴侣的，仍然不会考虑你。

变美这个事情，哪有那么轻松简单？甚至相比于把书读得好点，把人锻炼得强壮一点，把月薪提高个五千元、一万元的……变美可要困难多了。所以，与其想着自己怎么变好看，不如老老实实地接受自己是个普通人的现实，培养培养自己的内在感知能力吧。

减肥，当然是件好事情，但减肥不仅仅是为了瘦几公斤，而是培养自己能不能控制住自己的欲望、保持自己平衡的能力。如果是狂吃减肥药，或者饿三个月饱三个月的减肥方式，最后只怕除了证明自己的愚蠢，搞坏自己的身体，没有什么其他功效。热爱运动、三餐有度、作息规律的人，不管体脂含量是多少，都能自内而外地传递出他们有节制、有能力，对生活满含热情的气息。而如果是对身材苛刻到除了水和色拉什么都不敢吃，看见别人大快朵颐就会露出仇恨甚至蔑视表情的狂热健身男女，你真的想和他们谈恋爱吗？难道不会担心自己误入邪教吗？

然后接下来，经常听说的变美途径就是化妆啊、会打扮啊，说这些东西可以提升你的气质。什么时候提升气质变成那么简单的事情了？你去大街上随便拉一个人，给她一套PRADA（普拉达），让她去挤早高峰地铁，她插队、抢位置的时候，有气质吗？气质并不是他们穿了什么样的衣服，而是他们做了什么样的事情，有了什么样的成就。而且，越是需要服饰、配件来撑场面的人，对服饰、配件的价值和价格越不能掉以轻心。而这个时候，每月花掉一千元去买一些衣服、化妆品，效果完全还不如每月认真上班，打几份工，每月想办法多赚个一两千元来得好。这一千元，哪怕是用在各类职业技能培训上，也比用在梳妆打扮上更容易有长线回报。

而所谓的气质，其实是一种任何时候都不怯场的自信，能够控制节奏的智慧。这一方面需要通过见多识广，另一方面，是通过不断地失败但不惧怕失败重新开始的勇敢。如果一辈子都在怕这个怕那个，每天只敢和别人进行机械式交流，生活在焦躁和不满之中，这真不是理个发、洗把脸、换套衣服就能改变的。没有由内而外的支撑，这些外在的改变无非是给自己打个鸡血，三分钟热度，扔了一点冤枉钱。

为什么一切看脸的说法都是有害的？因为外表选择权太少，我们长什么样基本是天注定的，而拓宽知识面、改变工作技能、改变待人方式、改变变现能力，这些可行性往往要比改变你的外在形象简单得多……但拓宽知识面、改变工作技能、改变待人方式、改变变现能力又往往比换一件衣服、换一个发型来得困难，人们本能地想贪图安逸，然后不想改变。而不改变最好的借口就是：反正我改了也没有用，因为这个世界就是一个以貌取人的世界。

是啊，这个世界的确是一个以貌取人的世界，但这个貌不仅仅是美貌，还有其他的，类似于智慧、才华、权势和实力。这些都是冷酷而稀缺的，但两性关系并不是稀缺品，人人都是感情的需求方，人人也都是感情的提供方。明白自己是一个普通人，要得到另一个普通人的青睐，不仅需要具备万人迷的特质，更需要和善，有智慧、眼光和气度。如果把一切恋爱的不幸都归结为自己不美，苦苦思索这个社会为什么不能体谅自己的缺点，要在非同类中寻找自己的位置，这就好比牧羊人去问豺狼为什么不体谅自己工作的辛苦，还要去吃羊一样毫无意义。这不是美不美的问题，这是看不见任何智慧闪光点的存在。

我们是应该为自己的外表和气质负责，但外表和气质，可不是皮相那么肤浅的东西。

了解自己，才能合理地释放

我隐隐觉得，女人为什么比男人更喜欢谈爱情，也许是因为，这是女性在社会规则下仍然权利缺失的一种补偿。

有一天晚上，我在回答一个网友提出的问题。她说她曾经是个三观很正的女人，和初恋男友长跑十年，异地恋了四年，拒绝了无数诱惑，最后，他们结婚了。结婚后还有一年时间需要分居两地。在这一年间，她发现自己心态起了改变，她玩漂流瓶，和陌生的男人聊露骨的文字。她虽然还没有走到最后一步，也对走到最后一步充满矛盾，但目前的状态，应该在一段时间里拔不出来。

我一开始以为她只是性饥渴，就建议她不要想得太多，直接飞到自己男人身边吃饱就可以了。她则说和自己的男人早已没有激情——没有激情是一个很有趣的说辞，许多夫妻都以没有激情为理由开始不再尝试性生活，有些甚至自慰也懒得过夫妻性生活。我觉得这其实并不是性的问题，人到了三四十岁，对于性的冲动不再如青春期那么渴望满足，但为什么让女人三十如狼，四十如虎呢？为什么让男人遇见小女生就老房子着火呢？是什么原因使我们情愿依赖右手但对固定配偶却没有激情了呢？为什么一个曾经三观正到别的女性朋友多谈几个恋爱她就鄙视，现在却在性爱分开的想法里无法自拔呢?

如果就身体机能来看，我觉得这不仅仅是性的问题，性比我们想象的简单得多，愉悦的心情，合适的频率，大部分人都可以爽一爽。两个人甚至不需要什么激情，纯粹就是一个熟练工的技巧问题。许多人说，结婚多年，就不再有性需求了，因为对象就那一个，完全腻了。但是，你问问这些人，他们自慰吗?为什么对着工具和右手，许多人不会腻，为什么对着一个活生生的人会腻?那是因为人在许多性爱场景里期盼得到的东西，要比性复杂得多，甚至与性本身无关，它包含了大量的夸赞、奉承和承诺……这是什么?这其实是权利。

女人，同样渴望得到权利。权利是大部分人的毒药和春药，而且不对权利正确疏导和防范，权利的获得会让人膨胀，权利的失去会让人萎靡。我们斗智斗勇，就是既要让自己有一点野心保持活力，又要小心自己这脆弱不堪的肉体和心灵不要为了虚幻的权利而迅速腐化。

也是因为这个原因，我并不相信女孩子只要找个好男人嫁了，平淡幸福过一生就可以了。平淡和一个男人，永远不会是权利和野心的对手。许多女人到了三四十岁，的确觉得不幸福，但她们以为是爱情的缺失，但其实是权利欲望满足的缺失。在社会上，她们很难受到专业的尊重和喜欢;在个人兴趣上，她们丧失了发展个人兴趣的动力和追求未知世界的思索。简单的家务及工作和漫不经心的身边人怎么可能满足一个人内心深处的权利欲望呢？而对这种权利的投射，就是性饥渴。每一个人都必须承认，我们有渴望得到别人的关注、尊重、赞美和承诺的天性。越早认清这一点，越可以有更多的方式去做准备。

了解自己的欲望，才能控制自己的欲望。女人其实不应该也不可能放弃自己真正的欲望，不磨炼自己的野性。虽然道德家会说出许多骇人听闻的故事，觉得好像金丝雀也有幸福，但为什么长期以来，大部分中年妇女会给人暴躁、无礼、唠叨的负面形象？这很大程度上，就是当一个人阉割了自己的欲望，就好像太监阉割了自己的生殖器一样，这不是正常的人类形态。

了解欲望，想办法合理地释放欲望，才有办法合理地控制欲望，才不会把正常的欲望扭曲成性的饥渴、脾气的焦躁和对周围人的无礼。无论是在职场中，还是日常生活中，都没必要降低自己的要求，太把别人的威胁和指责当回事，女人也是需要培养舍得一身剐，敢把皇帝拉下马的豪情的。通过努力去得到一些赞美，获得一些权利也不是什么羞耻的事情。许多事情，不是说你敷衍、逃避就可以喂饱心中的野兽的，时不时让这头小野兽满足一下，也是必要的。控制这玩意儿，都是满足一下打一下，偶尔转转注意力——权利当然是稀缺的，但难测的人心和浩瀚的宇宙，未知世界是无穷的，不要太早在探索的路上停下来，了解、反思、前进吧。

姑娘，来聊聊恋爱

临近年关，也许被各路亲戚询问得有些焦躁，总觉得这类问题多了起来：“我今年二十五岁，长相不错，从来没有谈过恋爱，喜欢我的我不喜欢，我喜欢的又都有女朋友了。我想谈恋爱啊，怎么办呢？”

这个问题，既简单，又很难。简单地说，只有四个字——去约男人。复杂地说，其实她们当然明白这个终极大法，但是她们做不到。

为什么做不到呢？有许多原因。有可能是从来没有与男人单独相处过，以为聊几句话、吃一顿饭就很亲密了。如果男人不来追自己，那是一件很失礼的事情，所以一旦想到如果自己主动，男人毫无回馈，那么免不了会觉得非常没面子。或者有可能看过了太多爱情教条，这就类似于明明应该先学四则运算甚至反复写题海的孩子，看见周围有人在用Excel表拉各种函数计算，这时候难免产生一种你能我也能的豪迈。这事看起来那么简单，但其实是知其然却不知其所以然，又不大乐意从零开始打基础。依靠各种教条和表象来将复杂的人性简单化，在亲密关系中是一种冒进行为，会在判断两性关系上产生大量误差，最后发现一个你都看不上。当然，还有可能是姑娘其实并不需要恋爱，这情况也是有的。目前，整个商业体系是围绕着“美与爱情”在营销，这就有意拔高了爱情和性爱的地位。其实，爱情、性爱和工作，就和旅游、会做饭、兴趣爱好（比如打牌、打麻将）一样，都是生活的一个普通的组成部分，并且是可以互相替代的。有不少姑娘，我分析下来，她们没有任何恋爱需求，她们的精神生活和物质生活是可以通过友谊、爱好和工作而充实的，她们的生活和心态也很积极，她们的负面情绪反而是来自于“女人怎么可以不恋爱、结婚、生孩子呢，不恋爱、结婚、生孩子的女人是不圆满的”这种舆论压力。当一个人被迫去思索一件自己完全不想做也不擅长做的事情时，就会越想越担心，越担心越想，这时候反而会越来越痛苦，并且失去了自信。

那么，该怎么缓解这种焦虑，不管有没有对象，都处在一个相对自信的氛围里呢？无他，实践出真知，事情做多了，目标定明了，胡思乱想就少了。不来虚的，我们说点实的。

第一步，永远是充实自己的精神生活。许多女孩子恋爱的第一步，恰恰应该是放弃对爱情的幻想。不要想象着和一个男人说几次话、吃几顿饭，对方就会无怨无悔地爱上自己，因为这样容易陷入“我不受欢迎，他其实不那么喜欢我”的自我怀疑。进入社会以后的情感生活，年轻的男人不太可能像愣头青一样不管不顾，他们也同样处在一些压力和挣扎之中。爱情只是人生中的一部分，突发的激情有可能让一个人变态，让他不吃不喝不睡地思念一个人、联系一个人，但用概率来说，一个人的经历越丰富，就越不容易变态。所以恋爱的第一步，是相信自己。如果你开始自信和满足，你可以去看第二步；如果你觉得自己焦躁而不安，那先不要急着去干什么，先培养一个爱好（或者改正一个缺点）。当然，培养爱好的时候，可以刻意培养互动性或者有竞争性的，比如学个车，去街机厅练个赛车游戏，打一些网络游戏，混论坛发表一些感情以外的专业性的文章，去下棋、打牌……至于种个花、逛个街、绣个十字绣，这些等谈恋爱了再做也不迟。

第二步，就是进入开放式的友谊范围。我教女孩子追男人，经常会有“投诉”说这样变成哥们儿了啊，其实我觉得没关系。对于男人来说，常态和变态是很容易转换的，也许他一段时间里会把你看成无性人，但你想换个开关，只要换套性感的衣服、涂个口红，再对他温柔地笑笑，不说话，他照样会有所感觉，甚至紧张。所以，当你想真正了解男人，或者说，你希望不要去害怕他们的时候，先从爱情无关的地方下手效率反而会比较高。

而开放式友谊范围的关键点——不要树立男人会喜欢你的目标。你甚至可以想：“哎哟，我那么自立，男人根本不喜欢我这个类型的。好吧，但是我要吸引他们和我一起玩。”这个时候的吸引，不是你身为女性的吸引策略，而是身为一个朋友的吸引策略。你要去观察男人喜欢什么活动，思考怎么参与他们的活动、怎么请教他们、怎么打败他们、怎么赢得他们战友般的尊敬。

第三步，就可以换频道了。你有了吃喝玩乐打发时间的圈子，你的信息掌握和知识传播在圈子里有了一定的分量，你不是一个花瓶而是一个有意思的朋友了。这个时候，你要学会让男人意识到，你是个待字闺中的大姑娘。换频道其实很简单，就是你开始把完全不能忍受的男人的缺点列出来，然后单独去约那些及格的男人。第一次单独约会要控制一下时间，然后根据情况看有没有必要继续聊下去。这个时候，主要是记得要有一定的反差，在一个男人的面前不要咄咄逼人，尽量温柔安静一点。这时，你要做的不是刻意表现自己，而是观察和被观察。

大部分普通人的普通交往，并不一定在一次吃饭以后就一见倾心，可能你埋下的只是一颗种子，你可以浇水、施肥、抓抓虫子，但不要急着让它马上就开花。男人对一个女人产生爱慕之情，不是女人靠死力气感动他的。你不用天天去报到、聊天、有频率地约会，这只会加重双方的负担，你只要在大部分自然的情况下正常交往，偶然换个频道，给他一点机会，给自己一点机会。至于他什么时候心里起了涟漪，或者自己心里有了要冒险一下死了也不后悔的豪情，这个时机，倒是可以交给老天来决定。

为求目的，可以潜伏

在追一个男人前，作为一个屌人，我发现自己往往已经在人家身边潜伏了大半年了。这大半年其实就因为屌，但屌有屌的好处，以一个比较实在的熟人为旗号而靠近，进可攻退可守，还可以八卦八卦看看他如何对待其他的女人。从潜伏期到破冰期，这当中的心路历程还是比较有趣的。

不过，无论任何时期，女追男要警惕的敌人永远是胡思乱想。潜伏期的作用是比较冷静地观察一个男人，以及他和自己的缘分。所谓比较冷静，就是不要主动去寻找机会，尽量在共同从事的项目、任务或者游戏中平等自然地交流，不去为了聊天而聊天，为了观察而观察。所以说是大半年，其实接触也就两三次，而这两三次以外，尽量不要过多地考虑他在干什么、是什么人、现在怎么样，去一遍遍读他所有的网络信息。

没必要。在潜伏期的时候，只需要有一个模糊的概念：这人不坏，其他的，看机会吧。

胡思乱想就是在一见面就马上计算投入产出比：他合适吗？我们之间有未来吗？他喜欢我了怎么办，不喜欢我了怎么办……我觉得感情是一种很奇妙的东西，许多时候，我们只能走着瞧。今天他和别的女人说一句话，我们就没希望了，明天他找我聊天，又有希望了，这种生活，过得也太心力交瘁了。如果用这种思维去谈恋爱，谈的都是和自己的恋爱，你都光顾着这些乱七八糟的事情了，哪有时间好好考虑对方的需求和两人之间的和谐氛围的营造呢?

说起来，潜伏期其实考验的也是自己。一个帅哥，看得见，摸不着，时不时有点交集，时不时有点小萌芽，天不知地知，他不知我知。这个时候，仍然可以不把自己拔高成言情剧的女主角，不会一看见他的牙就想和他一起生的宝宝是什么样的，该笑的时候对他笑，该拍马屁的时候对他拍，该忙别的时候忙别的。虽然心里已经想着和他在一起的各种画面，但在他面前发表个五分钟演讲仍然问题不大。嗯，可以了，接下来该破冰了。

当然，这个潜伏是针对熟人圈子的，就是那些比较固定的圈子，比如同学、同事，固定时间会一起玩的球友、驴友或者游戏友，我们可以凑机会慢慢来。有的男人是没有潜伏条件的，比如相亲，在一个不太熟悉的地方一见钟情，或者在聊天工具上摇到的，说实话这些要潜伏也潜伏不到，只能乖乖为了聊天而聊天，为了约会而约会了。如何应对这样的场合，我不太擅长，因为我觉得连想不想发生关系都不确定的时候，为了约会而约会挺做作的。不过，这总好过为了聊天而聊天，再说，一般这个见两三次也大致知道几斤几两了，该睡就睡吧。许多缺点，是不容易看出来的。这个时候，我也不知道怎么预防被骗，我听说过最莫名其妙的，是这个男人三个礼拜里连家人都见了，在一起过了一夜就人间蒸发了。至于吗？搞那么大动静，说实话，我觉得这样的男人，蒸发就蒸发吧，以为这事是占小便宜，其他方面也不一定拿得起啥，早点知道也不是坏事。

扯远了，继续说潜伏。潜伏的意义，在于明确自己想把自己的世界变得宽广，因为如果从实用主义的角度来说，男人真心没什么大用。所以，我觉得恋爱的意义，在于培养自己的一种与人为善的美感。就好像艺术一样，虽然不能吃也不能穿，但总会给人带来一种说不清道不明的激动——对生活、对生命的激动。而潜伏，就是在合理的范围内，先自我拿捏一下敏感度和自制力，如果太贪心，一上来就想着对方会怎么回应自己，或者一定要达到什么目标，那么接下来的纠结自然会给自己上点课。如果觉得无所谓，感觉现在这种日子也挺好的，就类似于我们家虽然没有画，但我顿顿吃肉也挺开心，那也正常——生存线以外没有什么是必需品，包括爱情。如果潜伏的时候发现自己开始变得敏感，开始想表现自己，开始想做点什么，开始多多微笑，开始打扮，开始想变得最好的自己让他遇见……总之接下来，可以大胆地破冰了。

最后说一句，作为一个不靠谱分子，我都是有好几个潜伏对象的，所以不要来问我喜欢了一个人觉得就是他了该怎么办。一个人一定能追到另一个人的办法，我是没有的，我只能分享自己的心态和几个概率还算可以的小聪明。如果我想追谁就能追到谁，那我早就统一了银河系了，你们说是吗？

为什么喜欢了很久的人突然有了女朋友

男人没有不好面子的，哪怕条件很好的男人，也会因为怕丢面子在女人面前有自信和自卑的混合感觉。温和内向型帅哥对美女也是喜欢的，但他们也怕失败，他们会担心也许自己表白后被拒绝了，那岂不是和某男一样了吗？

总之，大概属于情感表达困难症吧。

这个世界还有我这种只要不讨厌就会去表白的女性物种，抱着反正拒绝我也不吃亏的心态去打人家的主意。一般来说，吃几次饭觉得对方不讨厌自己就图穷匕见，拼命拍马屁，类似于“你是我看见气质最好的人，我也知道很唐突，但是我控制不住，你可以笑话我，也可以不理我，但是千万不要说我们做普通朋友吧”这样的话。

这里有个窍门——你追求经常追求别人的男人反而可以慢慢来，用时间表达诚意，但对着温和内向型帅哥一定要给足面子，用热情刷出出镜率。对那种觉得自己表白失败会丢面子的帅哥来说，他们也会同理心地担心拒绝得太狠，对方太可怜。这时，你便有机可乘！当然，不要走幽怨路线、傻妞路线，在约会过程中，除了要迅速地展开暧昧的肢体行动、自来熟地撒娇耍赖外，还要会全方位地表达女人真喜欢一个男人就是会表白、会对他好、会丧失理智，喜欢男人怎么可以怕丢面子？要对他进行“如果一个女人怕丢面子，就是她不那么喜欢你，把你当备胎”的洗脑。你想，一般帅哥本来就心气挺高，此时又被人拍马屁、洗脑，而且这些男人有个特点是比较谨慎，瓜田李下考虑很多，反而会欣赏那些敢作敢当的行为。他们虽然一边会觉得我这个人不太靠谱，一边又忍不住担心我没有了他们会过不下去了，然后又担心我那么冲动会被其他只有一张帅气的脸的坏蛋骗了。总之，这边是被奉承又被脑补产生了某种责任感的男主人培养计划，而那边是一个追求者甚多、对自己不冷不热、一看就是万千宠爱的漂亮女生。几个月一过，熟悉程度就不一样了。

别太不解为什么帅哥身边的女人姿色普通，她到底哪里比我好？有时候，真的是敌军太狡猾。

不要看他怎么吹，而是看他怎么做

说到精神三观，我想说，归根到底，在精神层面，人是孤独的。

如果你对恋爱的要求在于寻找一个精神上非常契合的人，契合到看见他就觉得其他人非我族类，这是一种可遇而不可的缘分。这就好比我在知乎网这个鼓励打嘴炮的地方混迹多时，就会遇到那么一两个尚未谋面的、我觉得我们精神方面可能是同类的人，但她们还都是女的，而且我想，没准见面就会争论，因为我经常会觉得前段时间自己做的某件事也真是挺傻的。不过做就做了，为了爽而已。

要在一个特定的年龄段遇见一个精神高度契合的对象，该对象还得在外表、年龄、物质等方面也保持在普罗大众平均线前百分之十五——不是不可能，是我觉得这概率小到没必要讨论。找到了，自己偷着乐就好了，拿出来让我们这种非我族类来判断，尿，那就是尿。

一个了解到精神层面孤独的俗人会怎么做？在我的理解范围内，三观这个东西，只要对方没有完全可以压制我的暴力和权利，我的确不在乎。在我们看脸交往的青春时代，每个人都曾经有生气不讲理、出口伤人，或者不理人的时候。当然，我也有那样的时候。如果我们中的某一个人居心不良地把一些吵架的话截下来放到论坛上，别说三观了，里面还有没有人性的闪光点都不知道。

观察另一个人是否合适，既不应该发生在热恋期，也不应该发生在吵架期……吵架的时候看对方当然不顺眼，再把吵架的内容放到论坛上，那真叫看热闹不嫌事大啊。而且，你也真不要太相信论坛上的话语，论坛上许多人真的就图个痛快（或者无聊），我还自己一边扮演直男癌，一边扮演女权主义者呢！（不是在知乎网……）在亲密关系中，仅仅通过话语就给人品定性是很偷懒的行为。我们经常说，不要考虑他怎么吹，而是看他怎么做。这是定律，在他吹牛怎么爱你的时候成立，在他吐槽无聊的时候也成立啊！

那么热恋期过后，两个人玩过闹过、吵过笑过，愿意也有能力把钱凑一起凑出一个小家来的时候，接下来该如何做呢？那就应该认清彼此的属性和定位。自己是什么属性，又希望对方是什么属性，以此来确定我们以后该怎么定位。许多人会觉得成个家，男人是大树，女人是藤蔓，因为藤蔓要缠绕在大树上，所以一定要寻找那棵最强壮的大树，做最乖巧的藤蔓。也有些人觉得，男人和女人都是一棵树，所以我们一定要是同类，必须是同类，否则会互相妨碍……但同时，也会有种想法，比如说我，我觉得有些人是大树，很好啊，但我更类似于一只百灵鸟啊，我喜欢站在大树上让它听我唱歌，也不介意筑个巢，但如果大树让我觉得不那么舒服，我就飞走一会儿嘛。

所以在有些人的世界里，权利的争取和两人之间的话题，可以不在一个层面的。如果一个男人，他平时的做派和外表我都蛮喜欢的，那他有时候嘴贱几句流露出对男人这个性别莫名的自信，那我还几句嘴就翻篇了。我不觉得有任何嘴炮值得事后回忆起来翻旧账来定性彼此关系的。我的三观已经差不多定性了我和这个世界的关系，男人，也不过是世界里的过客，而因为我相信人性中的孤独，所以我觉得他触碰不到我灵魂的深处。我也不会妄图去触碰他的。哪怕我们住在一起，生儿育女，我也觉得对方有当傻子的权利啊（当然有时候忍不住会嘲笑几句），而我也一样，在我傻的时候，他也有嘲笑我的权利……但不会深究。这个世界有许多利益集团的争斗，这种争斗需要实力甚至需要暴力来解决，但这种争斗如果出现在家里，那我可能就要准备飞走了。

真的觉得三观重要的人，反而不会经常去触动它们，因为有自信自己不太会改变的，也尊重别人的三观和我们一样神圣不可侵犯，所以不会轻易在吵架上要争个输赢。聊得舒服，那就多聊几句，聊得不舒服，那就绕开一些敏感区，一起找点事情做做，或者怀着互相喜欢的心情各做各的就是了。当然了，在两性关系中，怎么定位自己，到底是藤蔓、是大树、是百灵鸟，这个都要靠你自己。定位与对方的亲密程度，是一定要灵肉合一，还是彼此有分寸的心灵亲密，也都看你自己，我只是提供一个参考意见。

我可是那种和连《海贼王》都看不下去的人都能做好朋友的好人。

为什么女孩子就要被富养

自己有个女儿，也会关注孩子怎么教育这种话题。只要讨论这个话题，就总能听见“男人要穷养，女人要富养”这种论点，但如果这个穷和富只是钱的区别，我还真的不敢苟同。对于我来说，成长道路上最好的教育，是我的父母都没有因为我是女孩而把我限制住。

他们没有说过女孩就要富养，没有说过女人就不能杀鸡宰鱼，没有说过男孩就应该让着女孩，没有说过女孩要文雅点、不能打架，也没有说过女人要检点，不要和男孩一起玩。他们甚至连女孩就应该留长头发、穿裙子的概念也没灌输给我，我爸说短发精神点，我妈说“不行，孩子头大，还是得梳小辫子”。你看，这个是审美，不是性别意识。

他们也没有那种女孩要娇一点的看法：太皮了，回来揍一顿；家里活多，出去打个酱油；过年要做硬菜，我的任务是每天早上五点去菜场捡菜皮喂鸡，到过年时，外公来把鸡杀了。外公杀鸡是一把好手，比爸爸做得好，我爸杀鸡，鸡要挣扎，有时候把盛血的碗给踢了，我就会哭——血很好吃的。外公人很瘦，手上都是力气，剪刀在鸡的脖子那里一划拉，然后放血、拔毛、开膛破肚，一气呵成。我虔诚地在旁边看着碗。我当时就想，学会这门手艺，长大自己杀鸡，端的威风。可惜等我长大，大家都买冰鲜鸡了。

我不太明白，女孩子为什么要富养？童年的乐趣是玩泥巴、抓虫子、赢弹珠，偶尔打个架。冬天很惨，手上和脚上都是冻疮，要暖和点，课余就出来跳大步。夏天就开心了，吃不起肉菜还可以去钓小龙虾，钓不到去买也很便宜，偶尔偷人家的鸽子，或者打几个麻雀。晚上大人们吃毛豆、喝酒的时候，也会给小孩子喝一口，不分男女，喝得多了的就说“好，这个孩子有出息”。

性别意识，不太应该那么早就强加在孩子身上。只有到了青春期，才知道有那么几天，女人不太方便，毕竟那时候连卫生巾也没有。后来有了卫生巾，那叫一个激动，哎哟哟高科技啊，又能跑能跳了。

读书一般，体育很差，那就练啊，晚上做题、跑步，开始了漫长的武打书与教科书的侦查与反侦查。我妈也夸过我，说我脾气好、能吃苦，为什么呢？因为我在朝北的房间一坐，也不喊冷。我想不冷啊，所以在家里棉裤、棉袄、棉鞋都穿着，而且那时候火力真的壮。那时候，大雪碧是经常被用来送礼的。有人送过来，我就运进小房间，做一会儿题儿，喝一口雪碧，偷看一会儿金庸或者二月河的书，很爽的。

即便进入青春期，我爹妈也没有限制不让男孩来家里玩，几个人一起打牌、分饮料。倒是后来，我自己约一个男生放学了来家吃个冰砖。那人到门口听见我家里有大人就溜了。那时候，我忽然领悟到了什么。上高中后，有了喜欢的男生，自己慢慢开始琢磨女性身份了。

家里的父母关系差，但没有把气往我身上撒，对我的要求仍然是好好读书。我爸希望我多读点书，我妈则说有了经济权才有话语权，早点工作。这都无所谓，反正进了大学，我不太回家，他们已经分开，我回哪里都不习惯。家里给的零花钱不够，有时候写信回家说中午吃鸡腿，晚上就得吃泡面，我爸妈也没说那多给我点钱，只会说我应该想办法均匀地花钱，饥一顿饱一顿，没有什么算计。我打了工，买了衣裳，他们只评价衣服合适不合适，不会说这个钱花得值不值。他们对于物质的评价，不是价格多少，而是为什么买它，哪里需要，好在哪儿。

我爸工作条件不错，我妈是下岗工人，他们离婚后，生活条件相差是比较大的。但我爸对我不薄，并没有什么为了讨好新太太欺负我这样的故事，他一直鼓励我学习、工作、自立，完成任务，不要轻易求助别人……现在，我的女儿已经五岁了，他也认真地建议，孩子大了，该学点书法、背点古文了，不能一直玩，好好教育，学习是很重要的。小时候，我女儿跌倒了不哭，他说

“好，有志气”。

倒是我妈、我外婆宠我女儿宠得厉害，但她们本身就是能吃苦又独立的女性，她们对于苦难的反应是淡定但不麻木，热情且充满乐趣地过日子。我奶奶喜欢跟我讲当年来到上海，怎么从摆地摊卖报纸开始做起。我的外婆，当年也经常是“红旗手”，当然后来纺织业不景气，她就下岗了。她还和姐妹们去广州打工，大热天住在没空调的宿舍里。我和我妈去看她，我晚上打着风扇睡不着，但她天蒙蒙亮就又去干活了。我妈下岗后，给各种老板打工，吃苦耐劳。有时候，我晚上睡觉，迷糊中觉得有人在摸我的头发，一睁眼她已经又去上班了。那个时候上班，路上来回四个小时是经常的事情。和我爸感情不好后，我妈也曾灰心丧气地大哭过，但她后来仍然开开心心地谈恋爱、打工，把家里打扫得干干净净。她有一个打工地方的女老板，还和她成了朋友。我妈说有一次说去哪里喝咖啡，环境很好，然后问我网上现在是不是可以团购，可以去一些环境很不错，价格也很实惠的地方喝咖啡、吃饭。我说是啊。她说：“你来教我，下次我去埋单。”我也会告诉她哪些店中午去吃划算，几点去不用排队，什么点心最好。她也有一个朋友的男人很有钱，但她八卦完朋友的事后会对我说：“男人的钱是男人的钱，当然虚荣心人人都有，但花男人的钱还经常炫耀，没啥档次。”

我的父母，还有我父母的父母，并不会觉得，女人天生就应该过最好的生活，孩子就应该让他不受苦。为什么啊？没这个道理啊？父母怎么可能包办掉一切呢？我们小时候吃东西，都知道鸡腿是小孩子不能吃的，有老人要给老人吃。许多享受，是大人赚来的，小孩子要先学吃苦、先学本事。不吃苦、没本事、只享乐，那长大了会有苦头吃。能淡定地把苦吃下去，不抱怨，并且想出享受生活的办法来，就是有出息。

现在想想，他们这种淡定而不麻木，千方百计要好好过平凡日子的热情，应该是对我最好的富养。大部分人根本没有什么谈钱的必要，大部分人既没有饿到吃不饱饭，也不会富到想买啥就买啥，大部分人都只不过和钱保持一定距离而已。那为什么要把钱这个条件看得那么重呢？为什么要把自己没过上的生活想得那么美好呢？最重要的，或者说最富裕的，是对自己生活的热爱。我妈在痛苦的时候，也经常带我去买旧书，带我去周边逛逛古迹。到一个地方，我们有时候睡在火车站或者招待所，有时候在路边买一个西瓜，但坐着吃的时候，她会念几首诗。在家里，她还把她觉得好看的小说给我看，她喜欢“二战”，经常给我介绍《战争与回忆》《德黑兰四三年》……我妈也一直是个文青，不对，“文老”了。我说哪个男生帅，她会拿出胡适的照片问：“有他帅吗？”她不会围着孩子转，也不是很热衷带第三代。“我退休也要有我自己的生活。”她说。当然，她网购的许多零食都是等我女儿去了一起吃，但是她也会对我说：“儿孙自有儿孙福，小孩子只愁不养，不愁不长，做人第一要紧的是要有自己的生活乐趣。”

所以，我也不准备刻意在金钱方面富养我的女儿：首先，我也没有这种实力，稍微有点紧巴巴地花钱是我与钱最好的距离，我也不愿意因为有了女儿而改变这个距离；其次，我也自认我有许多生活的乐趣在摸索、在追求，这种乐趣我会像我的父母教我一样去教我的女儿，不管他是儿子还是女儿，我都会教他一模一样的东西，怎么钓龙虾，怎么打架，怎么抓虫子，怎么选衣裳，怎么骑车，怎么玩……当然还有，怎么适当地把吃苦当成养分和笑话，尽量不做一个懦夫。

我现在也不是个有钱人，在网上的身份也不过是个写鸡汤的，鸡汤不能让你当饭吃，但有时候会对有些人增加那么一点点生活的妙处吧。在成长的路上，就是慢慢把目前生活中各种各样的妙处找出来。因为这样那样的妙处，我们好好学习，好好流汗，好好打工，好好和男人玩，好好算计手上的钱来过日子。我们已经长大了，我们不应该还幻想着别人怎么“养”自己，也不要幻想着自己可以怎么“养”别人一辈子，做一个物质可以不讲究，但灵魂还有点嘚瑟的人，开开心心好好过日子。

你正常吗

那集《你正常吗》里这个话题，Ella（SHE成员之一）和杨千嬅还说得蛮开心的，她们本来以为嫁入豪门算人之常情，后来发现自己变成少数派，觉得奇怪了吧。就现实来说，我倒觉得这个少数派真的很正常。我作为多数派的一员，说下自己的看法：倒不一定是因为和男方感情深得超过钱，而是一个对自身定位和价值思考的问题。

其实一般来说，不是明星，其实根本没有“豪门”这个认识渠道，年龄恰当的时候的确能结交到的有钱人，也无非是有百十来万的车，这里那里有几套房。曾经有个小兄弟就交到一个这样的女孩子，女孩子是有谈婚论嫁的心的，倒是小兄弟开始纠结：不谈婚论嫁显得自己没责任感，谈婚论嫁好像贪了别人的便宜。他说这辈子变现能力靠自己，估计也赚不到她家的一套房钱。女孩子倒也不图他什么。后来，他当然也想通了，自己也只能对人家好点，另外保持住自己的个性和帅气，也算有一个两情相悦的交代。

有这个想法，算是难能可贵了，毕竟大部分人，多多少少总能被钱唬住。包括我自己，认识了消费层次明显高于我几个级别的人，反而不知道该怎么办。这种不知该怎么办倒不是说一起吃饭时不知道该先动勺子还是先动筷子，只是出于以经济二合一为最终目的的交往磨合中，对自身价值的迷惑。

在我看来，婚姻的主要功能还是一纸经济合同，如果真的物质极大丰富，婚姻这个证明根本就是无所谓的事情。婚姻本来就不保证爱情，没有证书也可以住一起，忙时各奔前途，闲时互相执手相看。婚姻对于两个需要考虑经济问题的人来说，这证书减少了许多麻烦，比如我们要一起买房子，一起养家养孩子，要把你的钱和我的钱放在一起花，或者要把你的事和我的事混在一起做可以节约时间。为了保护我们付出的钱和付出的人工，所以我们把婚后财产作为共同财产。结婚，意味着我承认我们的社会价值相差无几。

但如果对方缴的税金比我的年薪还要高，我自己就过不了心里这道坎。我不觉得，他有那么需要我的变现能力和我的人工付出，我们在一起，无非就是一种微妙的互相看顺眼而已，但如果这种顺眼变成了我平白无故占了别人的便宜，我也底气不足。曾经有个男人说：“我们一起出去旅游吧。”我说好啊。后来，我发现各项玩乐选择对我来说实在太奢侈了，完全和我的消费理念不一样。如果照他的玩法，我会觉得我的钱花得好无聊啊，但照我的玩法，估计人家会觉得太痛苦了。最后，我很诚实地说：“我占你便宜的极限，也就想一起吃顿好的。其他的，我下不去手。”

“无所谓你占我便宜，我乐意啊。”

但是，我不乐意，最终我们没有成行，也没有吃饭、聊天、轻松打炮以外的进展。我当时就觉得，我这个人的特点，就是不讲究，因为我这种人不能讲究，我喜欢活得粗糙一点。在粗糙的时候，我才会保持住我的性格。而我吸引对方的，基本不会是美貌和身材，只会是这种性格。我知道有些东西是好东西，有些体验是好体验，但我担心的是体验过后慢慢失去了个性。我相信金钱和享受的力量，我相信以我当时的年纪和能耐，我不大能对抗它们，甚至以我现在的年纪和能耐，我也不一定能对抗得了它们。

我不是很喜欢柴门文的漫画，因为她里面的女主角大多神经质，但有一部漫画叫作《小早川伸木之恋》，里面有个情节我很喜欢。就是里面有一个姑娘，年纪轻轻就得到了一个富人的眷顾，他们之间有爱、交流和信任。富人最终想把财产都留给她，和她结婚，但她在结婚证明下面，同时印了一张离婚证书。他们从未结婚过，姑娘也就得不到他的任何遗产，他的遗产仍然归前妻和孩子所有。为什么她这么做呢？因为她说，一个30岁不到的女人，要是拥有花不完的财产，迟早会失去“人性的美丽”，而那，恰恰是她丈夫最爱她的东西。

这个情节我反复看了好几遍，因为我有时候也担心拒绝那些诱惑只是为了保持自己的个性，可能反而落得变成世俗意义里傻子的另一种说法。所以，那段话让我觉得很高兴，即便是傻子的另一种说法，起码人家也做了漫画女主角啊。她拒绝的比我更多呢。她和我一样，因为相信人性软弱，有时候接受不了考验，那就干脆不要考验自己，有些东西，不要就可以了。

有时候，人总会蛮看得起自己的，而我看得起自己的方式，就是我会避免一些让我把自己放在金钱面前犹豫、衡量的机会。不给自己太多诱惑，让自己保持自己看得起的某种美丽，这种成就感大过考虑现在不知道怎么花的金钱，这大概也是自恋一种吧，哈哈。但人也许归根到底都会有点自恋的，人有时候往往会忽视自己需要看得起自己的重要性，大家共勉吧。

如果我想遇见更好的人，我就要变得更好

不知从什么时候起，有人把在网上吹牛定义成“自媒体”，我觉得挺有意思的：为什么许多人总是那么热爱光鲜的名称呢？自媒体和吹牛、电商和个体户、互联网思维和想办法搞钱，这其实都是差不多的内容，换个名字，就高大上了许多。

我今天不是为了吐槽名字的，作为一个不靠谱的“自媒体”人，我也是会反省的：许多女人，把和男人谈恋爱的时间省下来看我这个女人写怎么和男人谈恋爱，好吗？这样真的好吗？

比如，我今天可能又要写一些和努力没有关系的东西了，我今天想分析的就是这样一个中心思想：如果我要遇见更好的人，我就要变得更好。

首先，这个中心思想肯定是对的，我也一向主张：你是谁，才有可能和类似的人长相厮守。比如说，我是一个吃肉的，对方是一个吃素的，偶尔出来聊天没问题，天天一起吃饭早晚会有矛盾。而现世当中的名利，有可能存在的分歧比吃肉和吃素还要大。婚姻这玩意儿毕竟归根到底是经济合同，所以如果真的分歧过大，变成了一方迁就另一方，或者一方警惕另一方，为了弥补这个鸿沟，把生活的每一分钟都耗在人心的互相算计之中了，这生活质量肯定会下降。如果遇见这种情况，还不如先拉远点距离，老老实实地把自己的日子过好了，再考虑和另一个人长相厮守。

但我想分析的是，许多人是不是把“变得更好”这四个字非常狭义化地理解了，好像“变得更好”除了变好看和赚大钱以外，没有其他衡量标准了。这导致一些年近三十，或者刚刚失恋的半大姑娘们很焦躁，为什么呢？因为一方面，大部分普通人到一定年纪，变好看这事除了整容以外其实没有其他太可行的方式，而赚大钱这个事情，也不是刚刚工作几年的工薪阶层可以马上实现的。于是，“变得更好”这个口号反而让一些姑娘对自己越来越苛刻，她们的理想时间表排得满满的，工作、加班、打扮、健身、阅读、旅行、买房买车……然后有时候，她们也的确认识了和她们一样优秀的男人，但无法长久相处下去，因为相处后人难免会暴露自己的各种缺点。对自己苛刻的人，有时候对别人也同样有挺高的要求。当遇见矛盾和困难，他们想的往往是要提高自己，或者别人应该要提高他们的某种能力，而不是带着矛盾生活。

许多人都不好意思承认，我们的生活，不管是一个人过，还是两个人过，其实都有许多解决不了、放着就放着吧的困难或者矛盾。哪怕一个女人变得再好，她都不可能是完美的。她仍然有需要哄的时候，发脾气的时候，作的时候，浪费时间的时候，懒懒散散的时候，毫无目标的时候……总之，大部分人就是普通人，普通人需要一些普通得不足为外人道的欲望、任性和满足。而两个普通人在一起，可能吵吵闹闹会时不时发生。许多时候，提高满足感和幸福度，不是你自己有多优秀，变得有多好，而是你真正接受了自己有多么不优秀，忍受了自己还有这样那样的缺点。这类似于，我以前觉得自己长得不好看，但现在我觉得自己长得还挺有特色的这种转变。

许多缺点，其实无伤大雅，许多关系中的伤害，其实只是对对方掌控失败的不甘心而已。所谓“变得更好”，有许多时候和你长得一定要多美、赚得一定要多么多、气质一定要多高雅没啥关系，而是那种既来之，则安之的淡定；相信弱水三千，我取一瓢足矣的闲散；遇善则善，以牙还牙的圆滑……有这样的淡定、闲散和圆滑，你才不会被各种观点所绑架。在你向一条观念强加给你的优秀之路飞奔时，可以稍微听一下自己身体和心情的声音，容许你或者你的爱人偷一会儿懒，容许你们中间出一点问题。一些最终不会解决的问题，彼此吵吵闹闹一下，但心情不会受到很大影响，可以将各种挫折进行自我调整或者自我解嘲消化掉，继续把生活这么走三步退两步地进行下去。

美丽、权势、金钱……这些都是稀缺资源，不管其他人再怎么构建美好蓝图，说听了他的话可以99天从入门到精通地得到稀缺资源，都一定要考虑下，毕竟99%在稀缺资源争夺战中，种子选手们都必须要付出努力，要有运气，同时也要更舍得消耗自己。这与两性关系不同，两性关系不应该太过消耗自己，做伴侣是因为看见彼此会开心，在一起是为了让彼此能更好地休息。对于一个身体健康、自食其力的人来说，快乐不应该是稀缺资源，快乐不需要改变自己的硬条件，只需要改变自己的思维方式。你今天可能不那么美，走在路上没有什么回头率，也可能赚得不那么多，吃一个哈根达斯还要考虑一下，你喜欢看韩剧大于喜欢看世界名著，你早上喜欢赖床甚于喜欢跑步……对，你不是一个优秀的人，但那又怎么样？你仍然可以自信、快乐，每天花一点时间，找男人随便聊聊，甚至调戏调戏他们，在他们犯错的时候调侃调侃，在他们吹牛的时候吹捧吹捧，觉得有意思就玩下去，觉得没意思就自己吃哈根达斯、看电视、睡大头觉。想变得优秀，那就努力一下。坚持不下去了，那就坚持不下去呗，不用愧疚地把接下来的人生里太多的时间花在自我厌恶上。不用勉强每一分钟的自己都是优秀的，不用勉强每一分钟的关系都是温暖的，接受一个有点愚蠢和懒散的自己，尝试几段略不考虑方向和未来的关系，先开开心心，轻轻松松，调戏调戏男人吧。

如何建立正确的男女关系

和几个朋友说笑话，说：“有一次，有人问能不能邀请我去他们那里做一次讲座，主题最好是如何建立正确的男女关系。”

由于我对自己说话要靠谱这个事情有着深刻的自知与不自信，我只能婉言谢绝说：“我只会建立不正确的男女关系。”

的确，我很难定义什么叫作一场正确的恋爱。如果真的要我去对十几二十岁的半大小子说“正确”，我肯定会忍不住说：“你们这个年纪，妄图谈一场正确的完美恋爱的思想，可能是最大的不正确。”

许多人其实都小看了人与人之间的羁绊。他们觉得爱情会很容易地发生在性别不同的人之间，而且很容易就坚持下去。稍微碰到一点点风吹草动，他们不是考虑怎么通过自己的方式和努力想办法解决掉问题，而是想着“可能是对方不够爱我吧”。他们觉得爱是一种纯粹的化学元素，两个人在一起，“砰”的一声就起作用了，而且不应该会消散。更偷懒的是，他们在得到善意的时候，不是想着无功不受禄，或者说想着我应该回报对方，而是觉得对方对自己的善意都是理所当然的。“为什么不持续下去呢？为什么不多给一点呢？”这种想法，真叫人啼笑皆非。

谈恋爱的麻烦有时候在于他们太想避免麻烦了，他们太希望谈一场正正确确、干干净净、顺顺当当的恋爱了。而我们这个社会，又太会营造这种干净、顺当爱情的浪费氛围了，如果没有各种要你买的广告牌，你也许真不一定如你自己所想的那样需要爱情。

因为当你考虑去接近一个人的生活时，你应该明白，凡人必有缺点，对方只可能是个凡人。凡人和凡人之间，肯定会有麻烦，比如说，会有各自利益冲突觉得对方自私的时候，但其实，不管是自己要享用别人的资源，还是被别人无止境地占据自己的资源，自己都应该明白：主动权是自己的。拒绝一件事情很正常，从小的地方学会拒绝、学会讨论，反而不容易最终质疑到对方的人品。有许多情侣最后谈崩掉，觉得对方实在是奇葩的品性，其实，这些都是你惯出来的。

不可能因为有了爱情，就出现了“要么都听你的，要么都听我的”这样的事情。如果你真的相信爱情，并且对这种事情严肃对待，你需要的是冷静地对待精神层面和物质层面，你可以在精神层面坚定不移，但不代表你在物质层面就随波逐流。任何坚定不移的信仰，都需要现实里的摸索、总结和提高。想谈一场正确的恋爱，那先从接受恋爱的不完美和麻烦开始吧。

没有女人的男人们

三天看完《没有女人的男人们》，嗯，没啥感觉。我喜欢村上是因为他对普通的单身生活津津乐道的描写，给人感觉单身的人们虽然没有什么了不起的，但也不算坏。但是，《没有女人的男人们》则弥漫了一种类似于可怜的气氛。男人们被女人背叛、抛弃，就如同进入了一个充满烟雾的死胡同一样，无休无止又没头没尾。

以前村上不是这样的，长篇如《寻羊冒险记》里被抛弃的男人，在《舞舞舞》里也有精彩的故事，短篇如《可以移动的肾脏石》，讲的也是萍水相逢在一起，又淡淡分开的男女——分开也就是那么回事，不管怎么样，面对就是了。如果不想分开，就选择寻找和原谅，比如《怪鸟形状录》里描写了如何对待忽然消失的妻子。妻子有自己不知道的阴暗面，任何人都有自己不知道的阴暗面，何必搞得自己那么可怜。

不过小说这个东西，口味都是私人的，有时候都不知道自己会写些什么东西出来。所以，偶尔出一本看了没感觉的书，也不是大事，版税赚到就好了，村上先生还是要幸福啊，哈哈哈。

说到“偶尔”这个词，我有时候也会考虑频率的问题。我认识一些人，似乎从认识至今都和他们保持着热不起来，但也冷不下去的关系。曾经有一个朋友说，她遇见过一个人对她有多么好，但是后来两人怎么反目成仇的。我就说：“因为她对你那么那么好的时候，已经跨过了那条线，她对你抱有的期待已经超过了你的理解。如果你不想有被人超过期待的要求，就先尽量不要让别人有超过你期待的那种好。”

有时候，我也想自己是不是太刻意了，有些人每次见面的时候还是蛮高兴的，而且也明显有可以增进感情的机会，但自己仍然搁置了。我一直是这么觉得：如果我对他没有超过期待的要求，就不要有超过期待的举动，以免落个误会。年轻时候做做傻事固然未尝不可，但如果明知没多大意思只是因为无聊而去一探究竟，就和肚子饿了吃薯片一样，自己会不高兴的。

社会结构老龄化

由于有时候我实在是穷的，所以就经常会探讨资本主义及消费的本质——我真是能把“买不起”说得如此高大上呢！总之，我觉得啊，只要我无视一切广告和别人的评价，完全以满足自己的需求为目标，会发现基本没有什么东西可以买……对于我一个喜欢吃又不太讲究的人来说，一个月经常花不了多少钱，于是我就很得意。但又想，如果每个人都像我一样那么懒得消费，穷又得意，社会会动荡的吧。

于是，我对春哥说：“要不咱为社会做点贡献，服从国家安排，再生一个？”春哥说：“养不起。”

好咧，我这个人啊，就是喜欢把做不了的事情自我洗脑成不想做的事情。于是，我又开始思考一个问题：少子化真的是我国目前的主要矛盾吗？

我看过许多有关为社会结构老龄化担忧的文章，因为我们认为老人不对社会做出贡献，而又在享受社会的资源。这当中有一个问题就是：老人不能对社会做出贡献，而这个资源的不平等，只能靠多生孩子来解决吗？或者说，这个资源不平等，靠多生孩子能解决吗？

就拿我们国家来说，一个女性，她如果受完高等教育已经20岁出头了，目前退休年龄是50岁，假设她活到80岁，她的一生为社会做贡献是30年，有50年是没有产出的。简单点说，她倒欠20分好了。一个受完高等教育的男性，假设不是干部，那就55岁退休，倒欠15分。这个时候，他们组成一个家庭，欠了35分，人均17.5分。

如果这个女性只工作三年便做了全职太太，抚养了两个小孩，她欠了47分，而她的两个后代，一个儿子，一个女儿，儿子继续欠15分，女儿欠20分，他们家人均欠了24.25分，哪怕生两儿一女，人均也就是22分。哎哟，是不是人多不划算了啊？也就是说，在生产力和抚养方式不变的前提下，生孩子不仅不加分，还会因为弥补不了妇女在抚养孩子里所牺牲的社会性而扣分。

如果要解决这个问题，把数据简单地变成所有女性不要接受高等教育了，你们16岁就去工作吧，男性延迟退休，干到60岁甚至65岁来使得收支平衡，这就是舍本逐末了。因为如果一个女人的工作是打扫卫生，工作20~30年，和一个人的工作是开发转基因食品的，工作20~30年，这对人类社会的产出完全不一样啊。有些人的工作，创造的资源自己都养不活，而有些人的工作，创造的资源可以养活好多人。

所以，我们追求的不是人本身，而是通过人可以产生的价值。认为基数大肯定价值会变大的思维是有问题的，因为有些人可以产生的社会价值，对比一个人应该拥有的基本人权消耗来说，可能是负的。在文明社会，不能剥夺那些产生消耗是负数的人的生命，而是要尽量让他们从出生到死亡也能享受到基本人权。这个社会越文明，基本人权的门槛就越高。比如说，在有些国家不饿死就是基本人权了，而在有些国家，教育、选举、医疗、养老都是基本人权。如果产生负数的人越多，那么所消耗的资源就越大。

而对于我们这种发展中国家，在教育、医疗等基本措施上，无论是消费者还是工作者，目前都没有一个良好的环境。为什么没有？因为资源严重不足，这种资源的不对等：一是因为我国的基本人权门槛看起来还是不错的，九年制义务教育、城镇人口的全民医保、工作人员的五险一金——这都是一种资源的消耗；二是我们提供的劳动产业结构不高效，无法拿到知识产权的大量代工，以及大量的劳动密集型、价格绝对低廉的服务型提供。为什么？人力便宜。这些人的产出对我们目前的社会来说——不值钱。

在这个前提下，与其前途未卜地鼓励大量生产人口，不如鼓励提高已有人口的资源效率，而这归根到底，是为了提高一个人的生活幸福程度。为什么妇女受教育程度越高，产子越少？那是因为女性受教育以后意识到，靠男人并靠养儿防老不是一件幸福度很高的事情，不如投资自己，提高自己的劳动生产率，提高自己的报酬。这个社会也是这样，如果没有后续的待遇配套，较高的人口出生率其实是一种恶性循环：要么降低基本人权，要么降低资源生产者的生活水准，并且还要配以大量的生产时间。而现在的竞争，还是国与国的竞争，资源生产者一旦发现在本国无法得到更好的回报，他完全可以去到其他资源生产回报更丰厚的国家去。那留在这个国家的是什么人？是体力型的劳动人口，为了生存，他们不得不压缩受教育的时间和质量，只能去做体力活（而且未来许多重复体力活必定会被机械大量代替）。这样一个国家就陷入了越生越穷，越穷越生的怪圈。

我们要明白，当发达国家在说社会老龄化的时候，是因为他们已经有了配套的教育资源和生产力再教育资源，只是许多人为了享受生活不想那么累而已。他们不仅鼓励多生，并想通过提高老年人的生活待遇来提高外来创造高于消费的人才去那里定居。而我们在说社会老龄化的时候，我们要明白，我们的问题在于我们的产业结构，我们目前还不能拿发达国家的老年人生活标准来要求我们自己。

不要可怜自己，可怜自己是懦夫的行为

《恶女》是一部漫画，据说还有电视剧，不过太老了，估计没地方能看到了。漫画也蛮好看的，而且女主角的小心思我也经常能体会到，于是写了一篇书评。

很久没有一口气看完一部漫画了，何况还是一部少女漫画。

虽然女主角麻里玲对T.O的爱情是全书的主线，但这其实是一部职场漫画，而且我也完全不觉得麻里玲对T.O的是爱情，我更喜欢把她的感情当成一种信仰—— 一种女孩子为了爱要好好工作的温柔信仰。

踏入职场后，的确很容易见到人性软弱和丑陋的一面。相比之下，学习，特别是我们国家的大学学习是一件多么简单的事情。总之，当正式进入一个公司，又是那种人事关系较为复杂的大公司，我就好像和麻里玲这种普通的女性一样，忽然就发现原来自己可以不起眼又不被期待到何种地步。

我们为什么要工作呢？就为了谋生混口饭吃吗？一开始似乎只能这样，在一个边缘化的部门，或者做一些比较机械的工作，别人不在乎你的想法，甚至不在乎你这个工种要不要存在……但是在外人眼里，似乎又没有什么不好，在光鲜的公司上班，有安稳的工作环境，还想怎么样？作为一个女孩子，还想怎么样呢？

而且，又不是每一个女孩子都好像麻里玲一样拥有主角光环，进公司就有高人指路，学习不好却可以在工作上很有创意。不断获得工作创意肯定的同时，她又拥有大条的神经和豪爽的酒量，每一个为难她的同事和上司最后都会被她的情绪感染……

现实社会，可比这个简单粗暴多了……

进入职场，三线女职员，无甚后台，也没有什么资源，有了错误，别人说女人就是没用，为什么不回家带孩子？有了成绩，别人说是怎么上去的，是不是给老公戴了绿帽子……职场里也没有多少坏人被感染的童话，公司人来人往，说你几句就说你几句，他们自己都不上心，你上心？你上心就输了。职场里交换的是利益，利益交换不到，当然不可能每个人都喜欢你。

就是工作本身，也不一定有麻里玲那么顺利，出入了好几个部门，在每个部门都有自己的想法，最后还被认可。我们只是职场里的一颗螺丝钉，公司越大，内耗越多，许多时候，我们开始怀疑，我们现在所做的东西，真的能让用户的生活更美好吗，还是只是拘泥于让领导满意？“领导重要还是用户重要”这是一个永恒的命题，但我知道，领导不满意，用户永远看不见你的东西。

有时候，挑战的又是自己的智力。就算产品出来了，产品一定能成功吗？用户一定能买账吗？客户理解我们的产品吗？我们的产品能让他们赚钱吗？我已经多久没有尝到胜利的滋味了？我还能不能尝到胜利的滋味呢？

我会不会已经被时代所抛弃了……哦，不对，也许我从来没有被时代捡起来过。

有无数次，我想是不是应该撤退，去一个简单的公司，找一份简单的工作，做一些简单的体力活，不要思考，不要赌博，不要去和别人争个对错，活在自己的世界里，每天相夫教子，过一种别人眼里充满女人味的生活。

我在单纯的生存压力上，似乎一直没有男人那么大，有了家，有了车，有了房，实在不知道还要钱干吗。社会对男人的期望是他要赚钱养家，而社会对女人的期望就是能养活自己就好。养活自己的目的已经达到，那怎么才能让自己在前进的路上保持饥渴、保持愚蠢，相信自己在前进？而在职场，一旦没有这种前进之心，又哪里有战胜各种分歧的勇气。

不过，就好像麻里玲有T.O先生，我也有个完全不认识的电梯先生。

在总公司的时候，他在电梯里和别人说话，我由于自己的敏锐和好色，忽然就觉得电梯都明亮了一点。我看了他一眼，然后又看了他一眼，然后他就出电梯了。我当时不知道他是谁，后来就多方八卦，才知道他是总公司一个部门的负责人，知道了他的工作上的一点事情。人家说他本来看着很年轻，倒是升上去了以后，头发掉得好快……然后，当然就没有然后了。他就变成了我心中一盏小小的指路明灯，每次我在被公司的各种流程折磨的时候，我就会想：他是和我在同一个公司的，许多无用功，他没准也经历过；许多恶意的打击，他也经受过；但是他还在这里，换过城市，升过职，能力越大，责任越大，站得越高，看见的就越复杂。他的许多麻烦，我都未必懂，一样是人，我又何必觉得只有自己在为工作受打击？

不要可怜自己，可怜自己是懦夫的行为。

这个世界上所有人在和生活做直接碰撞的时候，谁不受到点打击？只要不被打击所打垮，打击永远都是人生的一道菜而已。就好像吴淼在《塔西里亚故事集》里说：“强大，就是享受生命带给你的每一道菜。”

而这些鸡汤似的热血，这些每每在被打击后的振作，归根到底，不过是好色而已。

其实，我觉得麻里玲一开始，也只是喜欢T.O的帅气而已。她苦苦追寻了他那么久，其实连他的性格脾气、工作态度都不知道。T.O只是一幅画，但有时候，有一幅画激励自己就够了。公司的利润分配，你多一口，别人就会少一口，能站在公司的权力顶峰的人，也就这么几个人。普通人，嗯，我这样的普通女性在职场上的激励，就是知道有这样一个帅哥就够了。我并不想得到他，因为我知道每个人都是普通人，但是我希望不要有人打扰我在头脑中把他完美化。因为有这样完美化的激励，所以我想做得更好。

有些人能够欣赏爱琴海的海岸、《蒙娜丽莎的微笑》，或者贝多芬的《命运交响曲》，而我则喜欢马路上看见普通帅哥的那一刻的心动。因为你没办法预计，所以也没啥期待的，冷不防忽然出现一个鲜活亲切的人，就觉得现世格外地美好。如果说前人留下的文化遗产是这个世界深沉的美感，那么身边的帅哥啊，漫画啊这种简单娱乐，当然就是这个世界的活泼可爱吧！

除非是严重妨碍自己达到某个目的，否则，在漫画里不会看到麻里玲在被欺负后进行咬牙切齿的反抗。她一开始出场就很好玩，为了得到也许是T.O的资料，她拿了一个蛇玩具去吓唬刁难她的同事……大部分时候，她对许多欺负她的事都不在乎，有些刁难她就想办法克服，而有些她则装傻或者一笑置之。她连反击都是蛮调皮的，她说，心里有了爱以后，觉得其他都不那么重要了。

当然了，这种爱并不是那种世俗里相濡以沫的爱情，但那种因为莫名其妙就相信对方完美、给自己力量、让自己保持调皮的爱，也是爱的一种嘛。

作为漫画，麻里玲最后没有和一直帮助她的前辈小野先生在一起真让人遗憾，也有点遗憾带过麻里玲的贵人岸峰小姐忽然就说要辞职了……总之，忽然和T.O两情相悦好童话啊，真担心万一麻里玲真的和T.O在一起生活了反而有各种不如意没有动力了怎么办。不过是我想太多，这只是一部漫画，结局童话点也就童话点吧。

无论怎么样，人可以因为信任这个世界美好，所以有愿意为之忙碌的动力。因为喜欢恋人或者孩子，所以组成一个家庭；因为不想给喜欢的同事添麻烦，想多多少少可以出一点力，哪怕微不足道，所以我们好好工作。这种想法是不是没有出息，我也不太确定，不过有话怎么说的来着：“管他真理无穷，进一寸有进一寸的欢喜。”

世界观不同的人，为什么互相吸引

世界观完全不同的人，为什么会互相吸引呢？这个问题，我每次和EX有所联系以后，都会陷入沉思。

我们真的是非常非常不一样，导致一旦没有男女情愫以后，我们每说一句话，都要解释一番。比如，我知道他在某个公司，问问他那个公司情况，他会说："我不在那个公司，但是那公司里有我们都挺熟悉的人。"为什么要撒这种谎呢？我不太理解。

有时候，他会认为我仍然和某人有暧昧，而那个某人又曾经轻视过他，我总得解释：第一，我从来没有和某人有过暧昧；第二，人家也是活在自己世界的人，根本不存在对他的轻视。我不知道他相不相信我的解释，我有时候也想，何必解释呢？大家都已经是路人了，我为什么还要解释呢？我也不太理解。

也许在潜意识里，如果真的变成了路人，我也会觉得怅然若失。就好像大部分时间都想不起有这样的人存在，但过那么几个月总有个一转念，我会想他过得怎么样，有没有什么事情，我还可以帮忙。

不过，我其实没有什么事情可以帮忙。他属于那种，你做什么不重要，重要的是，你是我的什么人。那时候，我觉得未来的不确定性太大，有些事情可以缓一缓，他觉得没必要浪费时间，就走了。我们本来就不是一路人，我得过且过，而他一直必须有了目标才能奋斗。那时候，觉得还真委屈，我都不图他什么，而他的思维是：你不图我什么，是因为你根本看不起我。

我对背负着这样的理由而分开很不服气，能不能好聚好散啊。这么想想，因为这口不服气，所以我们现在仍然在互相解释。想想把QQ删了就好了，但又觉得很幼稚，又不是十几岁的小孩了，删了说明还在乎，明明就是挂在那里也不会寒暄的两个世界的人嘛。但有时候，我就想敲敲那个壳："喂喂喂，不是这样子的。"

归根到底还是我太自恋了，就是很难接受原来还有我无法解释的误会。我想：唉，有时候根本不是因为你做了什么，而是你的身份，别人就无缘无故地接受你。同样一件事，比如说同样是握手、拥抱，街上的乞丐伸出手来，你就会逃，如果是梁朝伟，你肯定会扑上去。有些关心别人怎么样的情绪也是多余的，因为我已经不是那个身份了。这么想想觉得有点丧气，解释不清了嘛，就这样？

然后，又觉得安心了。

你为什么没有安全感

我有时候是不太明白成年男女之间不安全感的问题。我以前觉得，我身为一个女人，最大的好处，就是我不用解决女生的那种“我没有安全感”这样的事情！其实，我还是蛮理解女生那种没安全感的生活的。如果我是一个女生，家里有要念大学的小弟、身体不好的爹妈，不好好读书，随便读个中专出来，一个月赚个两三千元，这个女生又不幸长得很顺眼、很好骗的样子，那肯定很容易被诱惑。诱惑多了，欲望和能力不匹配，安全感就大大下降了。所以，我对抗安全感，就是降低欲望或提高能力，最终结果当然还不知道，但就目前来说，我觉得日子挺不错的。

那如果一个人自己活得好好的，为什么会在两性关系里没有安全感呢？这就是我不太明白的地方。

以前，我遇见过一个小伙子，人家问：“你为什么喜欢我呢？你对我有多喜欢呢，是爱吗？”我很实诚地说：“爱倒不至于，我们先开开心心玩玩啊，处处看啊，就是这种喜欢。”那人考虑了一下，说无法理解这种相处模式，要么就是认真交往，怎么可以随便玩玩。我说我的认真交往就是要基于认真接触的基础上，而认真接触，就从玩开始……当然了，人家没同意，我也没强求。

过了几年后，我都不再有这个心思了，人家说我是那种给人很没安全感的女人。

但那时候我是这么理解的，他当时只是年轻没见识过而已，只要男人的优秀程度压倒我，他们自己有许多女人追捧，就会知道挑选应该是一件很正常的事情。谁先开口说喜欢，不意味着就放弃了选择权，反而只是希望对方也有个可以互相选择的机会而已。

但是，这些日子我发现，有些我认为比我优秀多的男人其实内心仍然有不安，甚至不安到曲解我说的话的含义，认为我在攻击他，然后到责怪我的地步。这让我很纠结：一方面，他的不爽因我而起，让我认为我这个擅长哄男人开心的人感觉到能力受到了质疑甚至需要调整的地步；但另一方面，我不明白，如果我的性格是他不欣赏的那种，那他在我身上祈求得到什么呢？

不过，我很快就接受了这样的设定：人人都是矛盾的，而这个无法自我调节的矛盾，就是不安全感的根源。女人的不安全感来自于欲望太多、能力太差，而男人也许也一样，他们希望有一个活泼可爱的女人哄他开心，但同时，他又希望这个活泼可爱的女人低眉顺眼。

问题是，贞洁烈女有牌坊，风流娘们儿赚口碑……要我又有牌坊又有口碑实在是太困难了。当我发现走讲道理这条路怎么也无法解决这个矛盾，而我本身又不希望他因为我而不爽的时候，只好双管齐下：第一就是降低联系的频率，从根本上斩断我们需要互相负责的幻觉，但完全不见面肯定舍不得；第二就是要无赖了，只能用泪汪汪的大眼睛表达不许欺负我。

这法子还真好使……

女人应该拼事业还是拼男人

互联网视频网站现在也很拼啊，比如说某网站自己搞了一档节目叫《奇葩说》，还蛮好看的咧！本来我是为了看蔡康永的，后来我发现里面几个选手真的能说。我很喜欢马薇薇，因为她每次都和我观点不一样，但是，每次她维护她观点的理由都让我觉得“我靠，好像有点道理耶”，我竟然无言以对。我在网上一搜，她是国辩非常有名的优秀选手……回想一下我在北京的辩论比赛，我深深地知道了彼此的差距。

还好辩论这个东西，我应该不会再玩了。

有一道题，说应该不应该看爱人的手机。我当然是觉得不应该的啊，这是隐私嘛，但是马薇薇的一句话震撼了我：“啊，你上厕所我给你递手纸的时候，你不给我讲隐私，现在我看你一个手机，你和我讲隐私了。”

不过当然了，我的动摇也就是一瞬间，精神永远比肉体更复杂，我仍然坚持人应该保持着复杂的孤独，不要和另一个人太近比较好。

不对，我今天想说的是另外一个话题，说女人应该拼事业还是拼男人。首先，我当然不赞成拼男人，男人是能拼来的吗？两个人也许可以通过自身努力保持一个良好的互动距离，但是，那些外人不可言说的人与人之间的亲密距离，那萌发的瞬间，那种让你变得浪漫或者豪迈的萌发，并维持住在一个人身边高频率接触好多年的瞬间……连自己都不知道是通过什么产生的。所以，没有规律的事情当然不适合拼。但是，事业呢？其实，我挺不明白“事业”这个词的，大部分人，无非是打一份工而已，就算是做了老板，替自己赚钱，也无非就是雇了好多人一起来打工啊。通过一些信息渠道，流通一些东西，获得一些利润，这就像大自然的一个循环一样，春天花会开，但不是花拼了，春天才来的。所以，我对“拼”这个词不太理解。

当然，也有可能是我一直处于不用拼，也保证了基础物质生活水平的状态，相信只要达到一定物质水平以后，所谓“有钱有有钱的活法，没钱有没钱的活法”，而这种两种活法和精神状态都没有太大的关系……而且，我很享受不拼的生活，也希望可以就这么持续下去。可以在没有太大危机感的时候，自己保持一点自然的进取心，也保持一点审美趣味，不用太焦虑，也不会太放松。我追求某种所谓恰到好处的紧张感。如果要拿运动来做比较的话，大概就是和快走差不多，可以出点汗，也可以想事情，没有痛苦得呼吸不过来，但也不至于无聊却不运动，让自己发胖。

和男人之间也是这样，关系既不要近到根本没多少休闲时间做其他的事情，也不要远到不闻不问，当中有一些无伤大雅的小紧张，多几个结局或者选择都可以接受……这样真是太美好了，希望这个世界继续给不拼族留点美好空间哦。

老女人与老男人

先思索一个问题，为什么说老女人就有点侮辱的感觉，但说老男人就比较中性呢？

我还认真地思索过，抛开手感不说，只看的话，男人脸上的皱纹有时候可以增添性感，比如说乔治·克鲁尼虽然老了，但现在也是我性幻想排列前三吧，但是女人脸上的皱纹，你可以说是气质啊，但总觉得和性感这种气氛关系不大了。我简直是抱着趁皱纹还不多的时候多好色的心态蹦跶着。

人都有一种错觉，当你关注什么的时候，你会发现这类事物或人会非常多，比如孕妇会觉得路上都是孕妇，而我开始关注年龄的时候，我发现老男人特别多。有颜值好的，也有声音好的……但要抛开年龄去看待两个人之间的互动，还真挺难的。

当身体的各项机能开始走下坡路以后，在一个异性面前该怎么从容地面对——这话我当然也问不出口。如果我到五六十岁，和一个三十多的小伙子约会，只怕也会压力巨大，而且他这十几二十的阅历，到底比我多懂得了哪些东西，他们没准也懒得对我说。而就算是他对我说，我又能心服口服地接受多少，也是个问题。我本身就是一个不认为时间是人生智慧最大改变条件的人，越老人越聪明这种想法也太占便宜了，成熟应该是和学习能力和各种汲取心态成正比的。一个连菜点错了都要唠叨一会儿的男人，不管他多少岁，我才不会认为他有多么成熟呢。

又一次有些偏激地认为，搞不好啊，男人就是一种成熟不起来的生物。起码在我的认知范围内，他们真的是一种充满了好胜心和自满感的小动物。当然，有好胜心和自满感也是好事，特别和年龄有反差了以后，反而更容易让人觉得“哎，男人啊，蠢萌蠢萌的”。

当然了，我说的这种“蠢萌”都是在生活方式上，在业务层面上，每个人的擅长技能基本上都甩我一条街吧。我的脑细胞……到底都死在哪里了……

人可以被毁灭，但不要被打败

最近就没有忙过正事，一个礼拜去参加辩论比赛，然后回来公休了去日本旅游。等从日本旅游回来，又要去参加辩论比赛。

这么幼稚可爱的生活，连心态都快变成学生了呢。当然了，回家还是会发现有个娃娃叫我妈……想想十年后，回家还会看见有个娃娃在台灯下写作业呢。当年，我也在台灯下写过作业，时间过得好快。

不过，我觉得现在正是人生比较开心的时候，虽然有许多小事要操心，不过一方面，口袋里钱充足了，终于过上了我连几号发工资都不用知道的美好生活，生活必需品的大件已经买了，非必需品的流行中件靠三寸不烂之舌让男人买了，接下来就明白卡里的钱肯定够花。这感觉比以前不知道下个月的房租在哪里，什么时候搬家啊，什么时候能有辆车啊好多了。还有一方面，是人不再那么焦急了，不觉得有什么非做不可的事情，因为喜欢去做一件事情，和因为恐惧或者不安去做一件事情，感觉是不一样的。我做我任何想做的事情，那么偶尔有一些不想做的事情，我也可以开导自己："做一些让自己痛苦的事情，对灵魂有好处。"

有时候，看着自己的娃娃，真想拍拍她的肩：“唉，你还要过多久才不是一个傻乎乎的、心怀不安的处女，而变成一个淡定从容的熟女呢？”

不过，说到岁月的沉淀，我还是羡慕男人的。这次去日本，在一个小小的叫作别府的地方，因为老爸需要买毛笔让我带一支，我骂骂咧咧地进了一家日本文具店后，被一个帅老头给惊艳了。

他个子不高，五官立体，一头花白但是貌似吹烫过的服帖的头发，眼神深邃而温柔，穿着非常笔挺的西装，又因为是服务业的关系，他特别和蔼而认真，我忍不住在心里点了好几个赞。

我决定就是我爸不要毛笔，我也得在这个文具店买点什么。

可惜我的日语实在太烂了，他说什么我都听不懂，靠他手势我知道个大概，不过我还是觉得，他一说话我就心里很开心。想来，我认识那么多年轻貌美的小鲜肉，自己家的春哥也算不错啊，但这一瞬间，他们都被这个日系老男人PK了下去。那种岁月积累下来的沉稳和温柔，哪怕只是幻觉，但在那个时间段里足够让我怦然心动了。这种心动，上纲上线地说，产生了性幻想也不为过。

直到第二天，我去海边吃寿司的时候，我还在念念不忘地想，如果我认识这样一个老男人，现在在海边和他一起吃寿司，也太带感了吧。

回来后，我默默地把签名档改成了：神啊，赐我一个陪我吃寿司的日系老男人吧。

反观我自己，我也不明白我大概到多少岁还能让别人产生性幻想……人永远都应该有喜欢的人啊，哪怕只是幻觉，但是这种幻觉会让人变得温柔。这个世界上那么多美好的事情，特别是那些尚未被岁月打败的老人，给人的强烈而美好的希望更加直接，直接到恨不得马上可以奖赏他们（啊，如果他们要的话，我也不吃亏啊）。我真的希望，人可以被毁灭，但不要被打败。

哪怕这个对手是时间。

在眼前的都喜欢，不在眼前的都是过客

一把年纪了，还去参加公司辩论赛真有点不好意思。话说我也不知道这个莫名其妙的任务怎么就落在了我的头上，想来我那么温柔低调，怎么能以吵架出名了呢？但忽然就骂出上海，骂向全国了，真有点伤感啊。

在我进大学的时候，我可从来没有在这上面下过工夫。在我腐朽的封建主义思想中，女人的嘴巴，那从来不是用来说理的……让我去参加辩论赛和别人说理，实在有违我的美感。但由于我骨髓里有专业鸡汤写手的节操，又会背，一不小心就把各路人选给煽动了。等我坐上去湖北的火车时，我只能安慰自己既来之，则安之。

其实，换个地方也不错，就在出发前一个礼拜，我还和某男开开心心地一起吃饭，然后开开心心地一起聊天，然后，终极终结问题来了，某男问："你到底喜欢我哪里？"

"你人又帅又聪明啊。"

"不真心，一听就是虚伪的。"

“真的啊。”

“就是虚伪的。”

三四个回合下来，我耐心尽失说：“大哥啊，我们就是凑时间出来吃个饭轻松轻松开心开心而已，有必要这么上纲上线吗？”

他的脸色瞬间阴沉了下来，我也觉得自己有点造次。如果这个时候有个气温计，车里的气温计都要结冰了。但是我想，他也不好嘛，为什么一直问？我嘘寒问暖，大家在一起开开心心，这难道不好吗？一定要搞得很琼瑶，又何必呢？什么喜欢不喜欢，在眼前的都喜欢，不在眼前的，都是过客而已。

第二天，我给他打电话，他不接。我想冷处理，去湖北前给他发了个短信，说回来再联系。他没回。

多大仇，何必呢？

所以有个事情转换下频道，也是不错的。虽然从来没正规玩过辩论赛，但是不就是说话嘛，这种事情我应该不会拖其他群众的后腿。虽然我很想做最后比较煽情的四辩，但短兵相接的二辩我也蛮喜欢。第一场打得很得意，第二场就有点乱……

评委是一个不知从哪里来的辩论老师，基本没好话。他看着我说：“你啊，不要得理不饶人。有些事情，我们评委也看在眼里，你没必要再说一遍。你真的不要以为，只有你是聪明的（我是在场上指出一个人违反比赛规定了）。”

这几句话，当时没觉得什么。等比赛结束了，三场都赢了，回到上海的家，我忽然又想起来了：不要得理不饶人……不要以为，只有你是聪明的。

说起来，这几年，似乎一直在因为小聪明而沾沾自喜。在有了娃以后，我觉得人生没有什么再值得我急着要做的事情了，一口气松下，未免有点得意。我对我的人生和自己，满意得有点过头。我知道怎么说话好听，也知道怎么说话难听。我喜欢和人针锋相对，也喜欢被人半宠半捧，而那些不捧我的人，我总忍不住讥讽几句，看看笑话。我从来都觉得当面锣对面鼓、以牙还牙就是爽，但有许多事情，也许不是我说了算的。

如果有些话回答得再巧妙一些，或者，答得木讷但更善意一点，有许多事情不至于无事生非。

我不愿假装木讷，是因为我觉得我很聪明。

但话说，我又聪明在哪里呢？别人无非是捧个人情而已，有许多事情我抓不到本质，也不敢干。这种情况下，有什么聪明可言。许多事情，做了以后，如果我连自己都说服不了，那又有什么聪明可言。

回来以后，我给某男发了条短信：如果只是口角，不至于生分如此，如果你遇见了什么麻烦，有我帮得上忙的，尽管开口。我不知道有些缘分，一念之差，还有没有继续下去的可能，但我起码说服自己善意一点，缘分这玩意儿，有就有，没有就没有，但没必要去教训人家。我并不知道自己是不是对的，就算我知道我自己是对的，其实我还是不一定是对的。浩瀚宇宙，以我的智商，只能自以为看得见一个杯子的一边而已，少说多看，不要妄断是非。让别人能因为我而开心一点，是我的福气。如果别人因为我而怄气，那倒不如散去，自己替老天管好自己，看看书、写写东西，让自己多一点知识或者见识，给其他过客一点帮助好了。

如果你喜欢的人身上有让你不喜欢的缺点

伤心啊，我在Old Navy（老海军）买特价短裤，买的第一条特价短裤回来穿穿有点大了，就给同事了，第二条特价短裤放家里没收，保洁阿姨看见了说要给她女儿买了穿。我说：“那你先拿走吧。”今天准备去买第三条，却发现我想买的那条短裤卖光了。

以后，我肯定到夏天一穿短裤就会很伤感，曾经有一条很适合我的短裤……如果要避免这种伤感，我估计起码得两个夏天不穿短裤。

我真是一个重感情的人啊。

伤心的我一时间不想写PPT、不想说话，过来写会儿东西平复一下心情吧。那么今天，我们来探讨一个千古难题：“如果你喜欢的人，身上有一个让你不爽的缺点，那到底应该怎么办呢？”

作为一个屃人，我发现我绝对不是那种掉头就走的洒脱类型。我感觉自己去威胁或者去让别人改变是一件很丢人的事情，除非我知道那个人肯定会答应，否则似乎不会说什么狠话，或者说发嗲。总觉得，我能做的最大的准备，就是在无可奈何分别的时候，可以安静地接受。但自己去主动发狠话，那肯定不算什么无可奈何。

如果真的想离开一个人，变得无限冷漠，不再主动去联系，在别人主动联系的时候保持了客气的热情——我觉得这个办法很好。除了在自己喜欢一个人的时候，我就发现自己完全判断不出这个基本不主动联系我，但回复又得体可爱的男人，他是和我当年热情过后同一类的客气，还是他还在考察我。

无法衡量，唯一的办法，就是为了自己好，尽量保持在一起的浓度。如果每天都见，浓度会稀释到10，拉到一个月见，继续可以变成60+的话，那就拉到一个月联系一次。我曾经试过，和某个人每周见一次会觉得压力很大，但一个月见一次，就毫无压力、轻松愉快。喜欢这件事情，不是静态的，对我这种人来说，也许根本没有我喜欢某个人这回事。我更在意的，可能是和某人某刻在一起的浓度。那些开心的时光，回想起来，均匀地分布在了几个人身上。但如果说和某个人有什么刻骨铭心的回忆，好像也没啥……就好像小朋友们在一起玩，不高兴了就噘着嘴走开一会儿。

所以，如果某件让我不爽的事情影响了浓度，我就默默地离开一段时间就好了。也不知道这算不算一种自私，不过就我自己看来，这种生活也不是坏事。我就和我喜欢的人一起玩，至于他喜欢不喜欢我，这轮不到我来判断啊。他能出来，保持热情，我就算赚了，反正我早过了向往那种怕自己一个人过不了，急着想和一个人天长地久的年纪了，自己也能过，和别人能玩一次赚一次啊。有些事情，看淡一点挺有意思的。

唉，我那件买了两次但自己最终没有买来自己用的短裤啊！

我们不能把生活浓缩成口号

公司就是喜欢做一些花花架子的事情，比如说，搞搞辩论赛。作为学生时代一直对辩论赛嗤之以鼻、能躲则躲的装×青年（当然现在是中年了），如今收人钱财，替人消灾。我是企业的一颗螺丝钉，在辩论场上，兢兢业业地发挥着鸡汤写手的特质。

辩论场的一个帅哥，我在说一个段子的时候，他的嘴角抽动了一下，姑且认为他笑了吧。我就开心了一下，差点忘词，最后一段漏说了几句，虽然还是赢了，但有点郁闷，不过自我安慰了下——我现在心理素质已经不错了。当年，有帅哥问我要电话号码，我是直接忘记自己号码的人，发展到今天，我已经可以一边对着帅哥幻想一边完成大部分的台词，人才啊！

我经常对帅哥产生各种下三烂的幻想。在自己脑海的自由国度中，我从来不会浪费时光，来个什么酒吧、咖啡馆聊聊人生和月亮什么的。凡是有帅哥参与到我脑海中的生活，基本上都是一个房间，或者一辆车，月光不重要，青白的皮肤才重要，这种时候，汗臭比美酒更吸引人。事成之后，互相感谢，各回各家，各找各妈。

而进入我脑海后宫的帅哥，哦，最近好像越来越少了，这让我有点郁闷。在一个环境待久了，该认识的都认识了，我也是有那么一丝失落的。

男人的美色就好像海景一样，真靠海吃海，那叫世上有三苦——捕鱼、打铁、磨豆腐，但偶尔去入住个海景房轻松轻松，还是很爽的。美色的优势就在于，你不知道他什么时候就在你面前，让你背不出电话号码，让你说话忘词还很想说。

其实许多男人呢，也很矛盾的，他们自己没有吸引多个性伴侣的魅力，比如说他们胖，比如说他们不懂藏拙，比如说他们道貌岸然……

前几天，我听见一句很妙的话：我们不能把生活浓缩成政治，把政治浓缩成口号。做爱只是生活的一部分，没必要上纲上线。

不忘真心，方得始终

年轻时追求别人时，我也会疑惑：我对他到底是一时性起，还是真心喜欢呢？如果只是一时性起，我是不是太不负责任了？但是真心喜欢，莫非就是那么简单的吗？

有一首诗歌，叫作《犹疑》，我很喜欢。“未见你时，我不悲伤，也不叹息。见到你时，也不失掉我的理智，但在长久的日月里不再见你，我的心灵就像有什么丧失。我在怀念的心绪中自问：这是友谊，还是爱情呢？”这种困惑，直到我和人有了长期的、稳定的关系以后才慢慢领悟，真心是慢慢培养起来的。那刚刚开始的追求，只是追求，完全不涉及什么真心。

没有，肯定没有。

我这么说当然要先定义下真心，我这里的真心和宽恕一样，存在个自由意志的玩意儿。如果你说，你是一个善良、宽容的人，在别人恶意侵占了你的利益后也能原谅别人，这里就涉及一个选择，就是你有没有不想宽容以牙还牙后全身而退的实力。如果你当时不具备这个条件，宽容就不是你的自由意志，而是你不得已的选择。这个时候，你就还没有条件说你拥有宽容这个属性。

真心也是这样。当你喜欢的对象很自然地问你索取一些关心和帮助，这种索取甚至会损害到你自己的一部分利益，而且你知道拒绝了也不会马上破坏彼此关系的时候，你仍然愿意给以帮助，这个时候，才叫真心。

明白了吗？很重要的一点是你在索取的时候，男人有其他的选择，类似于你说“今天你来接我嘛”，他今天不接你，也不会分手，但他还是隔三岔五地来接你了，这就叫真心。

这也类似于，你们不熟，他替你买个早饭、系个鞋带都不算什么，但等你们在一起非常熟悉了，都到互相抠鼻孔的地步了，你鞋带松了，他一低头就给你系上，那个时候，才叫真心。

有许多初入情场的朋友，误以为动心就是真心，这是犯了新手不了解自己的错误。真心的门槛是很高的，不是你心跳快一点，说话结巴点就算了，真心必须要有实力和机缘来展现。一开始遇见一个人，没有身体与心灵的大面积碰撞，真心不存在。真心里包含着自然、重复和一种取舍，真心就是变成我身体的一部分了。

那些说别人伤害到我了，所以我的真心没了，那其实基本不算有过，无非是一场追逐游戏，本来觉得可以双赢，但没想到人家不玩了，自己自尊心和自信心受到了打击，郁闷了而已。这很正常，刚刚开始追一个人，是权衡得失的，动心也许是她美、她声音好听、她笑起来让人觉得很温暖、她包了很好吃的饺子。这个时候，幻象大于本体，她不是她，她是她的形象大使！接近的过程就是打破幻象的过程，包括我在内，男人太花、男人太冷、男人太屌、男人太蠢，一来一去都是会波及我的下次反应，这是正常人的反应。要正视自己是个正常人，反应没达到，自己有期待、有紧张、有痛苦、有失落那是人之常情，但不要把理由推给别人，推给别人自己永远成长不了。

小孩子初入情场，不会说话、不知分寸很正常，不懂就问，不会就学，犯几次傻乎乎的错误，甚至会被几个自己动心的人误会，就明白了，在两性关系里适当地磨炼自己只是第一步。只有这第一关过了，开始耳鬓厮磨，开始朝夕相处，开始充分了解彼此之间的合适与不合适，开始除了情爱之外照出越来越多的现实甚至是丑陋的现实，你仍然愿意温润、愿意奋斗、愿意照顾她的情绪，体谅她的弱点，你愿意拉着她的手，要撒手除非剁了你自己的手。那时候，我们再用不忘真心作为自我激励也不迟。

保护自己的底线

我没看过《昼颜》，因为上户彩一直不是我喜欢的演员，不过最近老是看见那些欢欣鼓舞地说终于轮到女人出轨扬眉吐气了，或者理直气壮地说女人有了愧疚感才会对男人好的论点，有些看法不吐不快。

首先我要承认，在双方都同意的情况下，或者一方无法取得另一方的同意，但同意对方行使和自己一样的权利，自己的保密工作做得很好，一旦显露也不狡辩、不推卸责任、认栽的出轨，我就觉得这也算条汉子或者女汉子。比如，忽然觉得年轻的美少年才是最好的，于是干净利落地出轨、离婚，不断追逐年轻美少年的女汉子。这种八卦都是闺中乐事，大家扒起来都很开心呢。

但是，我不太喜欢，或者习惯把出轨看成一种补偿行为这样的理由，说什么因为你不好，所以我才……好像是别人逼着你干的事情一样，这样对自己的丈夫有伤害，对外面的男人也有伤害。多一份感情，肯定多一份责任，把两个男人的好处都照单全收，又指出两个男人各自的不足，这做法不够地道。而且，这种思维方式，归根到底，是一种弱者思维。爱情是强者对强者的欣赏，弱者无爱情，弱者只有宠物或者报恩情感。谁对你好一点，你就喜欢上谁了；谁逗你笑一笑，你就喜欢上谁了，那你自己的选择能力呢？为什么不是你觉得你有能力可以对两个人好一点，或者有能力逗两个人笑？能力越大，责任越大，爱情当然是包含着责任的。如果你只是把责任看成有了一纸证书，所以彼此冷漠也不分开就是尽责，而没有一纸证书的男人就是诱惑自己下水的同谋，是让你对丈夫心怀愧疚的工具，那难道不是和对你冷漠、把你物化的丈夫一样吗？物化人的人，是不太会有真正的快乐和自由的，快乐和自由来自于自己的逻辑自洽，而不是来自于别人的宠爱和怜悯。如果一个人，自我逻辑不自洽，所有的信仰都建立在别人的宠爱上，只要别人不宠我，我自己的底线在哪里都不知道，那过日子当然是受罪。别人对你再好，你也一样会不满足的，为什么？因为你不但没有克服困难的技巧，也毫无克服困难的决心。生活中肯定会有困难或者麻烦出现的，没有谁的生活是童话故事，把一切责任都推到别人身上，只会不断减少自己的磨炼机会，从而在麻烦里越陷越深难以自拔。

有一道题我就一起写了，就是“如何保持长期高质量的感情关系”。故事里的女孩子说男孩子一开始对她很好，但是毫无理由地，手机回得就慢了，约会也有所推脱。女孩子很焦虑，但不想提分手，问怎么办。

这是一个许多女孩子都会遇见的成长命题。就是一个男人一开始对我很好，过了段时间，他对我不好了，我很焦虑。许多女孩子一生都没有解开这个命题。她们一直在为“别人对我好”而奋斗，要么就是想有办法让别人继续对我好，要么就是想怎么换一个对我好的人。

其实，要消除这个焦虑，或者说，人要有高质量的生活，核心问题根本不是别人对你好，而是你有没有能力保护自己世界的同时，奉献什么。

只有有想法也有能力奉献才是快乐自由的。当然了，这种奉献不是说做圣母，别人打你、骂你，你也甘之如饴，而是明白自己的能力、自己的底线，保护自己的底线不让任何人接近的同时，大胆地表达自己对对方的善意。

明白自己的底线在哪里，这不是一件容易的事情，有些人谈恋爱的过程，就是不断突破自己底线的过程。只要别人给一点点理由，就没有底线了。当然，不是说底线完全不能调整，但是许多人突破底线的目的不是因为重新调整了自我自由或者自我价值，而是为了很可悲的——男人能对我好一点。

保护自己的底线，很重要的一条就是自己的事情自己做。这倒不是指肉体上的事情，人之间互相帮助我觉得是应该的，最重要的是精神上的事情：要知道许多痛苦，是人类与生俱来的痛苦。因为这种痛苦，人类才有追求，才有进步，这种痛苦不是说靠老公对我好、孩子成绩好就可以消除的，不要把对抗这种痛苦的能力和勇气，都寄托在别人身上。对抗这种痛苦，必须要理解人类发展道路上的美学，要理解人类发展历史上的挣扎。当然同时，要修炼自己对这种痛苦的正面协调能力，这就是自己的事情自己做。最简单的，就是痛苦的时候，不是一个电话说“我痛苦啊，你来陪我”，而是把自己当成宇宙一员的投射，自己来协调这个问题。

我说的好像和长期关系一点关系也没有，但其实是有的，这就叫保护自己的底线。会保护自己底线的人，必定容易被同类所接受。如果一个男人无时无刻都在给我打电话、发消息，像我这种很需要自我时间的人也会觉得焦躁。而那个男人呢，可能会觉得我太冷漠了，太会装了吧，谈不来，也就断了。只有那种也需要在自己的精神世界里修行的男人，会接受我这样的女人，而且自我精神越圆满，对别人的行为越无所谓。我们在一起好，那么当然很好，这是件很快乐的事情；我们在一起不好了，这也不至于让我的信仰崩塌，因为我的底线还在啊。我们都理解是磨合有问题，有决心，我们就继续磨合；没有决心，我们就好聚好散。总之，如果你找到同一类人，互相很信任，互相又能帮助，然后又有自己的精神空间。这种精神空间的培养起码不会把自己琢磨不明白的负面想法和责任发泄、推卸在对方身上，这就是很高的长期生活质量了。

我们说回电视剧，电视剧应该还是以娱乐化为主的，要有原因、有冲突、有故事情节。你在电视剧里说人的痛苦是与生俱来的，这肯定很难表达。我们在接受一个故事的时候，要接受一个有理由的故事，但是看电视的时候，我们要明白这是一种娱乐。电视剧里提供的这个前因后果不一定是对的，也跟什么扬眉吐气没有太大关系。电视剧看个开心就可以了，但如果被诱惑得很憧憬要模仿，就先去多看一些其他的东西，尽量自己想明白再去做。

女人要对自己的穿着负责

事情的起因大概是去年有一则地铁官方通告，里面放了一张女子的照片，女子的裙子很长，但很透明，能看见里面黑色的内衣。地铁官方运营微博说：“女孩子们，夏天到了，要自重啊。”于是，就有了这么一个题目。女性该为自己穿得少招惹了色狼而负一定责任吗？

这个事情，吵了一年，许多男人很现实地说：“你们女人虽然不需要负责，但是穿得少，被摸了，吃亏的还是你们自己，不如多穿点吧。”

虽然过去了一年，但是现在又是夏天了，对于夏天经常穿个坦克背心就到处蹦的我来说，觉得是时候说一句大实话了，就是：女人要对自己的穿着负责，而不是不需要负责。那些一边说不用负责，一边又说被摸了活该的，才是逻辑混乱，想两头卖乖的讨人厌。

时至今日，我们似乎是被文明驯服了很久了，所以就快要忘记了，女性到现在也并没有被赋予想穿什么就穿什么的自由啊。在社会没有赋予你权利的时候，你想要反抗，那就要对反抗的后果负责。任何进步都不可能是别人让给你的，而是自己争取出来的。在争取的路上，肯定有牺牲、有痛苦、有指责、有嘲笑，认清现实才能承担后果。一边想享受还不属于自己的权利，一边又不想承担后果，那叫与虎谋皮。

为什么说女性没有被赋予这种自由？是因为这条微博是地铁官方微博发的，这种态度是官方的态度，公权力用“自重”二字，就表示了女性起码在乘坐地铁的时候，不应该想穿什么就穿什么。当然了，官方又没有明确规定比如说裙子应该在膝盖下几厘米、乳房能露多少、布料的透明度在百分之多少以下才能为色狼免责……这种模糊的态度也正说明了女性对自己的穿着问题还处于混沌状态，混沌状态适合的是什么？是弱肉强食的丛林法则。在丛林法则里，不要说女性穿得不得体被摸两把，我相信就是男人瘦弱点进地铁门慢了点，被后面的金链文身哥推一把：“你丫腿瘸了啊？”也只能推了白推，走慢的人自己有责任，请你下次走快点不要挡了大哥的道，你怎么就那么没脑子呢，不会去挡老头老太的道啊？

只有女性明白了自己的穿着所引起的后果要自己负责以后，才能寻找到正确的道路。在丛林法则里，你只需要捍卫你想捍卫的利益团体，钻空子，耍手段，并不需要和别人讲什么道理。比如说，只要我个人觉得这个女孩子穿得赏心悦目，而她被男人骚扰了，我会帮她一起骂那个男人。我只要觉得我自己穿得赏心悦目，我除了预备班穿校服第一次被男人摸胸不知道怎么办外，当遇到骚扰时，扰我基本就是片刻间就把对方打到一米以外了。

任何一个要谈自己权利的人，都要明确一件事情，就是权利都是自己争取来的，不是别人拱手相让的。这个世界上，有众多概念很模糊、自以为善良的人，具体表现在：一方面，他们想讨好女性让自己心安，“你有穿的权利啊，你没责任啊”；另一方面，他们又害怕强大的社会舆论，一旦别人被骚扰，他们手指只会指向弱者说“你活该啊”……这些人大量存在于我们的社会，但他们是社会稳定的基石，要把他们拉入自己的利益集团，靠劝说，靠讲理，效果不大。要把别人拉入自己的利益集团，永远是一手钻石，一手砍刀，而钻石与砍刀，永远先用在和自己有直接利益接触的对象上。每一个要想自由穿着的女性就要明白，要为自己的穿着负责，负不了责的时候就只能认倒霉。负责是怎么负的呢？一手钻石，一手砍刀，我穿得漂亮，你看我几眼，我权当你欣赏我，我对你笑笑，你想动手动脚，我就要好好和你理论理论了。

当大部分女性都会为自己的穿着真正负责的时候，那些中间的利益集团才会权衡利弊，才会相信他们的姐妹、女儿加入到这个利益集团后，并不是只有吃了闷亏只能哭这一条路。那时候，他们才会慢慢地加入，才会真正地制定规则，才会有公权力真正介入，才会有女人可以不用再为自己的穿着负责，不用亲自冤冤相报。

虽然很多人会觉得，至于吗？不就穿个衣服嘛。当然，让我们多注意也无所谓，但是有时候，女孩子或者真心喜欢女孩子的男人们要想清楚：女人能接受教育，女人也开始愿意赚钱养家，这些权利，都曾经是别人被嘲笑、被谩骂、被指责，甚至被处死而争取得来的。为了让我们的下一代，她们无论是穿着校服，还是穿着热裤，都可以光明正大地挤地铁，我们现在为什么不能先承认，我们应该要对自己的穿着负责，并且要为自己的穿着而奋斗呢？

有些人为了欺负别人而去变强，有些人为了保护别人而去变强，不要太为这个世界上许多权利永远都在强者的手上玩耍而觉得不甘心。加入后者，让后者多那么一点点，我会为自己负责，而不是把自己想要的世界让出来。

你也为了幸福争取过

在类似于“我很爱那个女孩，但她说一定要婚后才可以发生关系”这样的求助题里，经常只看到大家劝那个男生：你如果真的爱她，就忍耐一下，先结婚，再做爱吧，你不能强迫人家，强迫是不对的。

当然了，她不愿意，你不能强迫，强迫是不对的。但是，我不觉得在自己和对方都是比较独立的成年人了，自己也准备和女人好好过下去的前提下，千方百计表达自己想有更进一步的发展有什么不对的，起码要试一下吧。

有一些观念不是信仰，是洗脑，和我们当年落后的青春期教育一样，到现在，还把和爱人共度鱼水之欢看成是一件肮脏的、不划算的、必须要政府同意的事情。可是，政府除了帮你管管财产分割，这真不会管其他的，领了证的人也会变心、也会欺骗、也会大难临头各自飞。我们都相信一纸证书不是杀毒证，但在自己喜欢的姑娘面前，却不会这么说，为什么呢？因为我们也下意识地觉得，处女是纯洁的，虽然我不在乎，但也许我以后不会和她在一起，她下一个男人会在乎，别害了人家。

如果把女人都往有处女情结的男人怀里送，这才叫害了人家。在现实里，有某种上不了台面的策略：有些男人为了保护处女，情愿去和那些不爱的女人上床。上了以后还嫌弃感觉不好，因为他觉得自己不爱她们。但我们换个角度想想，那些被发泄后还嫌弃不好的女人难道知道这种想法后会很开心吗？而那个感觉被呵护的处女，莫非她会很高兴自己的男人为了保护自己的处女之身和其他女人上床吗？除非一开始双方都说清楚了是两相情愿，否则这不是呵护和尊重，而是自欺欺人。

或者还有另外一个策略：男人拼命地憋，然后分手。他们连互相了解都没有过，就分手了，还留下了还好我没有糟蹋她或者被他糟蹋的记忆，这也没什么好的。而最好的，也不过是新婚之夜调试了性爱，难道领了证所调试的性爱，就会比不领证更舒服了？该吵架一样吵架，该冷战一样冷战，该痛苦一样痛苦，还多了一个“已经结婚了啊，总不见得离婚吧”的压力。

起码要试一试，把自己认为正确的性爱观带给对方吧。如果对方浪费钱、浪费时间打游戏，我们可以劝劝人家，那为什么对方把和有情人的性爱当成一件肮脏的事情，我们就不能劝了呢？我不强迫，但我起码能劝劝吧。

“我喜欢你，我想和你在一起，所以我想和你一起快乐。我觉得做爱很快乐，所以我想和你试一试，这有什么不可以？也许我们以后不会在一起，但是我希望你能体会到我给你的快乐和服务，这有什么不可以？我不是个坚强的人，我有正常的欲望。在我想要的时候，我不想和别的女人做，我希望和你做。我希望由你的身体来温暖我，我只喜欢有你的身体来温暖我，因为我喜欢你，我抱着你，我就想要你。我可以回家默默地看着A片自慰，但是我想要你。你要明白，我想要你，每一个牵手、亲吻、拥抱，我都会想要你。我无法自已。”

这种话，当然可以反反复复、光明正大地说。“我只和喜欢的女人发生关系，这个女人，现在是你。我可以忍，但是你要明白，我要你，我要追求你，我会反复地提，反复地要，因为我相信不光这对我好，对你也好。当然了，因为这个问题，你会不理我、讨厌我、考验我……但是我也会很有耐心啊，我会为我的方法道歉，但不会为我的目的道歉。只要我的眼睛还能看见你，只要我的耳朵还听得到你的声音，我还想着你或妩媚或可爱的样子，因为这是我觉得这个世界上最美的东西。追求美，追求你，我粉身碎骨，在所不惜。哪怕你骂我，你打我，你对我冷漠，我也愿意在你楼下站一千零一夜。我不会因为空虚而去找其他的女人，我不会因为一时的挫折就放弃对你的追求。当然了，我有可能是个愚蠢的人，我追求的方式也许有问题，但是我只对我的行为道歉，我绝不会对我的目的道歉。我要你，我就要完整的你，我也要把我完整地给你。”

做爱以后的关系，就是和做爱以前的关系不一样。做爱前的殷勤，每个男人装一装都会，但在做了几十次几百次以后，仍然会自然地弯腰替你系个鞋带，在你有眼屎、没刷牙，当然也没梳头的时候，他漱了口过来亲吻你、调戏你、拥抱你，才会让你真正地相信世界的温情和愉快。这种时候所产生的互动感情，才会真正地让人觉得就是他了，不管爹妈怎么说，别人怎么说，国家的杀毒证明怎么说，就是他了。只有这个时候，我们才会去考虑更深层的东西，如果每次约会，只是形而上地讨论责任啊、房子啊、未来啊、处女情结啊，只是一起看电影啊、吃饭啊、打娃娃机啊，就是能一起聊康德又怎么样？你们能互相了解多少？何况，一个人在拼命地天人交战，难道真的心有余力来互相了解吗？承认自己的软弱和欲望，不要高估自己的能力，能憋着气在泳池底做俯卧撑的人有几个？

当然了，这些都是个人意见，而且女追男嘛，这方面当然更容易一点。当年也有说要结婚再上床的男人，我都是义正词严地表明了自己的态度：我尊重你的选择，但是你也起码要反复倾听我的需求，我要在我们最美好的时光，和我最喜欢的人做最想做的事。

这是一场美好的仗，最后的输赢不重要。重要的是，你努力过，你们磨合过，你为了爱人忍耐过，也为了幸福争取过。

不管男人女人，都需要一个解决问题的方案

很多男人都有这样的疑惑：在女人向他们倾诉的时候，女人为什么不需要解决方案？为什么呢？

有些时候，为什么女人不需要所谓的解决方案？因为以平均智商和平均了解程度来说，当一个人遇见问题需要解决的时候，旁人迫不及待地提出的建议要么是鸡汤，要么是无法直接解决问题的。

首先，先分清楚，当男人提出解决方案的时候，女人是不是在问一个问题。

比如说，当女人说我挂科了怎么办啊，这是一个问题吗？不是，这是一个对结果的陈述。除非你有一枪命中去改变这个事实的能力，否则，既定的事实只能是事实，而不是一个问题。就好像男人没有完成业绩，在他向老板报告自己业绩完不成了的时候，你以为老板给他的建议是：你怎么不多打几个电话呢？这是在告诉你解决方案吗？不是，这只是一种责难。

当一件事情变成了一个事实后，你再提出该怎么做，这是一种责难。如果你们真的想以后提高解决这个问题的概率，让对方采取你的方式来让下一次事态不要这样发展，那么请记住：别人听得进去的建议才是好建议。如果只是一味地以为“我在提出解决方案啊，你还不听那是你自己有问题”，这只能说，你也根本没有解决问题的心思，而只是在发泄自己的情绪。

不管男人女人，心里都有自以为在智力上有优越感需要抒发的时候，这无可厚非，那就不要假惺惺地打着“我替你解决问题”这个旗号了，这和“我是为你好啊”的借口是一样的。

另外，当人提出一个问题的时候，你要确保你了解了所有的信息，然后再提供真诚的解决方案。而这个方案，以自己可以参与为佳。

说白了，就是不要站着说话不腰疼，事不关己高高挂起。比如当女人说，这个地方很远，我不知道怎么去的时候，你不能百分百确定这个女人是不懂怎么查百度地图，而自作聪明地先查一个说“哦，你乘几路几路换到几路几路”。这个时候，你确定掌握了所有信息？你为什么不假设这个女人其实没那么笨，就是看不懂百度地图也会打车啊。你总得多问几个为什么吧，你这个时间打车方便吗？你平时去不认识的地方怎么去的呢？当然了，你可以问一个最关键的、你可以亲身参与的解决办法：需要我来接你吗？

许多男人很委屈：难道告诉你怎么坐车就不是解决方案吗？你提出问题，我给出解决方案不是很正确吗？但是，其实有许多解决方案是知道但不能够或者不想做到，你得去判断这个解决方案对方是不是做得到，才能提出来，否则就变成了“何不食肉糜”。

还有一种解决方案，就是万金油解决方案，也就是鸡汤，在不了解任何细节的情况下用一种标准的圣母态度相信一切都是可以解决的，只要你自己足够……这种解决方案就和心诚则灵一样，他连倾听共情的耐心都没有，人世间所有问题都可以解决吗？不解决，你就觉得是别人心不成、能力有问题，还是没有照你说的做啊……

每次说到这个问题，总觉得有许多男人是对女人的逻辑能力和解决问题能力抱有嘲笑的态度，觉得女人只是个情绪动物。但是恰恰相反，分得清在摆事实讲道理的时候摆事实讲道理，装糊涂讲感情的时候装糊涂讲感情是一种智慧。每一个人都是需要别人的鼓励和情绪安抚的，这事情真的很难理解吗？

做不成夫妻，那么朋友呢

作为一个无可救药的外貌协会者——不过我的外貌协会貌似是很奇怪的外貌协会，比如说，我在地铁里偷拍的帅哥，人家都说不那么帅；我觉得我们楼里比较帅的大爷，春哥觉得不如另一层楼的那个，我觉得另外一个才是标准的大爷，已经一点欲望冲动都没有的那种。总之，作为一个无可救药的外貌协会者，偶尔也会对男人产生要不是看他长得帅，我把他活埋了算了这样的怨念。

每次有这种怨念的时候，我就想去找找某位EX。这个EX很神奇，首先，他一点也不帅，其次……

说实话，我和许多EX都关系蛮好的，因为我一直很信奉买卖不成仁义在，如果真要联系联系，唉，总也算个熟人啊。不过，这个就不会太理我，因为我们当年就因为三观差距过大而经常觉得和对方不是同一个星球的，类似于“你觉得我们之间有未来吗”这样的问题，也不知道提过了多少遍。而我总觉得：你那么关心未来干什么，我们现在开心，总比不开心好吧。为什么要让这种问题，让现在都不开心？

其实，我设想的未来，就是我没事可以找他聊聊天、吃吃辣

（我认识的非常喜欢吃辣的男人竟然很少，能吃也是迁就我，而他是吃麻辣小龙虾战斗力比我还强的那种人），我有没有其他男人，他最好不要管，他有没有其他女人，我也无所谓。每次在小龙虾上市的季节，我还蛮怀念他的。

“我们出来吃小龙虾吧。”
“不行。”
“我们可以聊天吗？”
“我们之间没有什么好说的。”

唉，真是不给面子。

我说过我们三观不和：在他的思维里，不在一起了，连陌生人都不是，陌生人还需要客气客气呢；而我的思维里，我们曾经在一起挺开心的，为什么不偶尔回味一下呢？

想来和别人的关系变淡的大部分原因，都是等我想起来有这么回事，已经不联系很久了。有时候，遇见别人问为什么他不来联系我，他是不是不喜欢我了？我想，其实有的时候，无所谓喜欢不喜欢，就是……就是完全想不起来要联系了。没有非对他说不可的话，没有非要回消息不可的冲动，没有害怕他担心的同理心，我觉得大家都是成年人，该明白的自然都明白。

所以这么说来，这种“我们不在一起了，以后不要再联系我”的决绝的话，虽然听过许多次，但是那些人后来还是会当没事一样地回来聊天，然后被我嘲笑两句。所以，他这样说时，我也没觉得这是个事情。直到半年以后，我找了个借口去找他，他一副冷冰冰自保的眼神，我才明白，也许我和他没有办法开开玩笑、聊聊天、互相嘲笑几句了。我很怀念，他什么都会和我说的那些时光，虽然那时候，我心里腹诽那所说的价值观，还真有点土鳖。

也就是这样，我才知道：哎哟，这个世界不是围着我转的，有一些感情，不是一点点冷掉的，是说冷掉就冷掉了。有时，我还会回忆，在分手前半个月左右吧，有一次，我们过马路等红灯，我看看他，他看看我，然后他弯下腰亲了我一口。如果那时候说我们再过半个月会分手，大概我怎么也不会相信的。我忍不住会猜，那时候那个吻，是情不自禁的感情，还是他已经想好的分手愧疚，那么决绝，应该不是一时冲动的气话吧。在我的世界里，感情里有纠结、有茫然、有意见不合，这些都无所谓，做不了夫妻，还可以有其他各种男女关系补充方式啊。作为一个三观不正的人，我得接受这一点，这个世界上，有人不需要补充方式。

后来，我问春哥：“如果我们分手了，做不了夫妻，还可以发生关系吗？”

春哥说："如果我们分手了，我大概就不会再想看见你了。"

不看在我的分儿上，看在孩子的分儿上在一起几次怎么了……这帮男人怎么都这样啊。

不过每次想到EX，或者撩撩他，然后他不理我的样子，都会让我心生警惕。是的，有些人不会再和你打友情牌了，所以，趁现在还有些人愿意陪你说说话、哄哄你，被你抱抱，就去说说话、哄哄彼此、抱抱彼此吧，不要"活埋"他们了，杀人犯法的。

怎样的约会才算合适

前几天，有一个我还算比较欣赏的男性朋友问我："为什么我们不能出来一起吃个饭？"我说："没事吃什么饭啊，聊天不能在QQ上聊、手机上聊、在各种各样的聊天工具上聊吗？科技使人进步，别浪费这个时间。"他表示见面聊天和网络工具聊天不一样。其实这是废话，我也知道不一样，我只是对自己的约会成就太有信心，怕物理距离太近本能地施展一些勾搭手段，这不是大家都很尴尬的嘛。

越是在思想上和气质上欣赏的异性，相处起来就越应该不要冒进，要顺其自然。比如说，无法面对快速拉近关系后尴尬的话，就物理距离上不要太接近，人与人之间发生过什么，许多都是一念之差，而许多尴尬和冷漠，并不是说两个人之间没有感情，很有可能就是起源于一念之差的各种失控。许多时候，我不是很想迅速拉近距离，对我来说，人并不应该急着确定关系，有足够的时间可以慢慢来。急于确定的关系，是一种没有信心的表示，往往会变成分手的第一步。

那么，到底什么样的约会，才算是刚刚熟悉期合适的约会呢？我喜欢可以控制住节奏的约会，约会是一种展示和互动，对自己性格的展示，了解对方兴趣浓度和默契的互动。约会是一个过程，而不是一个目的。如果心里算计着：我们约会了几次，可以干什么，或者我们约会过，所以关系自然应该更好，他应该怎么怎么样对我……那约会不如不约会，因为展示本身，就预示了判断。既然是判断，就会有合适的时候，也会有不合适的时候。而且，约会中的判断，不局限于在一起的那几个小时，约会以后不在一起时候的表现，也是一种重要的判断标准。许多姑娘的失败，并不是在约会时表现得不好，那时候她们也自然地被男人逗笑，也自然地显示了自己可爱温顺的一面……但约会过后，她们的冒进心理就悄悄地萌芽了：我们已经约会过了，为什么他还对我不冷不热的……然后一个没控制住，一会儿赌气想放弃吧，一会儿又打鸡血地想不如再试一下，一旦患得患失，过程就疲劳了。人在打疲劳战的时候，判断就容易失误。

另外，在刚开始交往时，最好能抱着不那么功利的心情去安排约会。所谓不那么功利的心情，就是不要把对方当成一个只是为了陪看场电影，或者陪吃个饭的工具而已。吃饭、看电影，这在情侣之间虽然很常见，但是在一开始，是容易被误判的，因为被动的物理距离的拉近，又黑灯瞎火，人会相应的敏感。这个时候，有可能把对方甚至自己的半推半就理解成一种欣赏，把过程变成了结果，为了表现而表现，为了谈恋爱而摆出谈恋爱的样子。这虽然没什么不可以，但对于今后生活的管理，无非是制造了一些不必要的麻烦。

在交往的初期，彼此有一些好感但没有上升到非此不可的时候，出来约会尽量不要为了展现而展现，而是自然地展现，以互动为主，一起去打球、打街机、逛一些器材商店、去博物馆……总之，安排可以走动，可以延展话题，然后有可以自然地坐下来喝茶、聊天的机会。这样比硬聊或者看电影更容易聊得深入而不造作，进可以天晚了一起吃个饭，退可以晚上还有事情下次再约，节奏比较自然。

说了那么多，无非是建议不要把约会看成一个数字、一个结果、一个为了验证关系而设定的关卡。约会只是人生活中的几小时美好时光。在这几小时里，做可以沟通、分享美好、能让对方愉悦的人。在这几小时外，做真实淡定、不骄不躁、不急功近利的人。

怎样认识男人

不少容貌姣好、性格也不错的温柔女子纷纷表示没有任何恋爱经历，这有两个可能。

1.她们根本不认识男人

大部分女人不具备一眼就被大批男人拼命追的素质，而且大部分感情不是死缠烂打表白出来的，是轻轻松松处出来的。特别是漂亮的姑娘们，从小到大对花言巧语都免疫了，姐姐妹妹们没看过猪跑还能没吃过猪肉吗？所以，对于那些过来说“我欣赏你啊”的愣头青，她们完全没感觉。

但免疫了甜言蜜语以后，她们又没有其他途径可以认识男人。男人在干吗？在打游戏，在玩麻将……总之，男人有许多爱好在这群姑娘的眼里都是不务正业的，但其实这些都是男人的正常需求而已。要让男人来正儿八经地知道你，然后追求你，那得给人家接触的机会啊。一点也不找机会在男人堆里混的女孩子，再好看，最多也就是男人要个你QQ、打几个招呼，但通过QQ又能互相增加多少好感呢？只有被人嘴巴追求一个途径地结识男人，很容易越来越做作、越来越虚伪、越来越言不由衷又焦躁无聊，所以也会对异性的认识越来越有偏差。

所以，我觉得女孩子，特别是读书的时候，多打点工，多打打网络游戏，多参加点牌局、赌局，多去舞厅跳跳舞，甚至去学个车啊，参加点集体活动啊，这些都是可以执行的方法……找男人要去男人多的地方，哪怕这种生活方式不会给你考试加10分，也不会让你每个月多赚多少钱，但是适当的，哪怕是不务正业的娱乐活动也是必要的。不要怕男人会占自己便宜：一来强奸没有那么简单；二来你没有那么多便宜可以占；三来其实年轻的时候越明白男人不是自己的敌人，把他当成一个正常人来拉近距离，越容易分辨出香臭来。

总之，找男朋友第一步——先认识男人。

2.准入门槛太高

许多女孩子有这样的问题，就是她们不轻易去“爱”，但如果没有“爱”作为前提，她们又不太好意思和男人多接触。如果和男人吃过几次饭、聊过几次天，她们就会急于下一个到底合适不合适的结论，然后不合适的话就不准备再联系了，而且有了一个看起来合适的人，就拒绝与其他男人的一切来往了（当然也希望男人拒绝与其他女人的一切来往）。这种性格看起来是挺不错的，但其实不适合普通人的循序渐进的交往，而是把自己打造成了一个孤岛。而且，等你觉得不合适了，要换，发现时间耗下去了，心智反而没有成熟，那时，会更加焦虑，手边又完全没有别的男人，越怕就越觉得不值，越觉得不值又越不敢开始。

其实，除非条件特别赞，或者特别对眼的两个人，大部分人的交往判断，都需要先期投入时间和精力。先投入，再判断，找一个合适的人，可不比找到一份心仪的工作简单啊。你看我们要做想做的工作，要上好学校、要考试、要拿奖学金，然后，还要做好几年底层工作人员……那时，才能慢慢适应工作并做创造性的工作。两性关系也一样啊，哪有什么都不懂的人吃几次饭马上就会懂判断、知进退了呢?

所以，其实和男人交往，绝对不要急着下判断，越没有经验的人，判断越容易失误。心胸也要开阔，人家男孩子和你们一样，约会很紧张的啦，他们偶尔犯个错误，你们可以纠结一下，但不要先入为主地就觉得人家不合适，便和姐妹们吐槽，觉得他们极品，自己撸一辈子吧。我认识身边的优秀男人，把一些刚入门时犯的错误说出来，更极品。

男人和女人是可以共同成长的，一步到位是不可能的，拒绝和他们一起成长，也是拒绝了自己的成长。所以女孩子们，多找点和男人一起干的事情，多有事没事在男人面前转转，多找借口一起玩玩，打开窗，让风吹进来。至于要不要有更进一步的发展，慢慢来，慢慢考虑好了。

找一个爱的人，还是找一个合适的人

有些问题，被人反复提出，而提问者总觉得自己的问题和别人的不一样，但核心就是一个。有一个你喜欢的人，但或许是他没看上你，或许他目前的物质条件不行，或者你们目前身处两地，而这个时候，出来了一个在物质条件上、物理条件上别人看起来都不错的异性，而这个异性又似乎对自己更热络一点，于是这个千古难题就来了：我们是应该找一个爱的人，还是应该找一个合适的人?

这问题我是回答不了的，但我可以提供一点自己的想法。在亲密关系里，如果不和一个自己喜欢并有能力触动自己情感的人在一起，只考虑旁人眼中所谓合适的话，往往难以幸福。

首先，合适比爱更难。一个人合适不合适，这其实是盖棺定论。有着各种负面情绪的人类，有时候连一年前的自己都不一定想认识，或者觉得自己傻，怎么会百分百体谅或者适合无非就是一起吃过饭、聊过天，最多发生过关系的异性？并且在真实世界里，一个人肯定有不合适另一个人的地方。不管他条件多好，父母多满意，你们之间条件多般配，但人这个复杂的齿轮，没有另一个人恰好吻合。两个人在一起，哪怕三年五载，如果不保持磨合的心态和保持适当距离的决心，齿轮只会坏，不会好。如果没有爱，合适就是天方夜谭，我们为什么制定那么多法律和规章制度，就是为了让人与人之间通过遵守规矩而保持距离，不让人心齿轮磨损得太坏。

所以，记住亲密关系的第一规则：这个世界上，没有对的人，只有爱的人。

其次，对于年轻人来说，不会爱甚至没有经历过爱会在很大程度上不容易成熟。什么叫成熟？成熟就是经得起变数。而人的本性是讨厌不确定性的，所以学校也好，初级社会也好，人生第一堂让你有切肤体会世事无常的课程，就是在爱里学习的。当你知道一个人也有不如自己意的地方，你仍然不后悔和他在一起的时候，你就成熟了；当你从问怎么办，到想总有办法解决的时候，你就有担当了；当你从不停地期待寻找一个没有缺点的保护者，到明白人都有缺点但愿意互相体谅时，你就温柔了。没有成熟、担当和温柔，亲密关系是不会快乐的。

记住亲密关系的第二规则：这不过是一种合作关系，对方不是你的保护人，而是你的合作伙伴。从长远看，只有当你自己成熟靠谱，你才能创造并维护成熟、靠谱的关系。

最后，逃避在爱里寻找办法，希望一步到位的现实是不存在的。这个人现在条件再好，结婚生子，有房有车，但他有可能会因为升职焦躁而忽视家庭，遇见其他异性而迷茫，遇见身体健康的下滑而痛苦，遇见平淡生活的空虚而迷失。试想这样的家庭，没有爱情做基础，拿什么动力去对抗这些呢？我记得知乎答案里有句话：比克服困难的技巧更重要的，是克服困难的动机。而在一开始选择人生道路的时候，就总是想着走捷径的双方，能有多少克服困难的动机呢？

记得亲密关系第三规则：困难是一定会出现的，而克服困难，你不但需要技巧，更需要动机。

好，话说到这儿了，各位施主共勉，自己选择脚下的路吧。

生活应该是多姿多彩的

目前，作为女孩子比较吃亏的一点是：似乎没有人很认真地教教女孩子应该怎么玩。为什么在女子普遍受教育的当代，男女差异还是那么大？当然，一部分是沿袭下来的一些思维惯性，但女孩子不会玩也是其中很重要的一点。这里所谓的不会玩，是说在女孩子的游戏里，平静的合作性指导往往高于互相之间的激烈竞争。

我买了一本女孩子的优雅书和男孩子的冒险书，其中教女孩子的无非是厨艺、园艺、梳妆打扮、给洋娃娃做衣服。而相比之下，男孩子的那本书就有意思得多，小到折纸飞机、认星星、做树上的房子，大到野外生存、各类竞技……而且字里行间，女孩子的书里都在告诉你，不要争不要争，做好自己就可以；男孩子的书里告诉你，孩子，你是最棒的，你再去试一下就成功了。

也许是雄性本能让男人时不时地希望争个第一名，而让女人以安全平稳为第一要素。但其实，中和一下，还是需要的。

让女孩子学会玩，学会一点冒险，学会一点竞争游戏，是为了让女孩子也不要害怕输的感觉。而不太害怕输的感觉，相信自己可以重新来一次，这在整个人生道路上，不管男女，都是重要的一课。据说尼采有句话是说：在困难面前，比克服困难的技巧更重要的，是克服困难的动机。所谓动机，不应该是吓出来、逃出来的，而应该是通过热情地摸索、自我培养、自我完善出来的。

许多女人，终其一生的玩具，似乎只有男人。和男人在一起的时候，是她们唯一心跳加速的时候，因为在年少青春的时候，她们除了好好学习、找个好男人嫁了、找个稳定的工作、生个正常的孩子以外，没有考虑过其他的竞争和其他的趣味。她们追求平静和安稳，看不起没有结果的尝试。因为她们自己完全没有尝试过其他趣味的竞争，所以完全无法理解其中的美感，认为做所有没有积极意义的事情都是浪费时间。她们把结局看得异常重要：毕竟在结婚和生孩子面前，能随随便便觉得结局不重要的人也没几个。于是，她们仅有的人生经验就变成了——结局非常重要。

以结果论英雄的人生，很容易让弱小的人类感到焦躁无力，因为我们命中注定打的是一场一切为空的战斗：我们的美貌会消失，健康会不再，头脑会迟钝，大部分人的一生，在他生命消逝之后（甚至消逝之前），都不会在这个星球上留下任何痕迹……在这种前提下，如果我们忘记了一件很重要的事情：我们来到这个世界上，不过是个无足轻重的过客；我们在地球上玩一下，地球根本不在乎我们这样的存在；我们会因为太看重自己，而不自觉地陷入了痛苦和焦躁之中。

所以，只有学会玩乐才能平衡心态。玩，是一件很重要的事情。对于女生来说，不能把男人当成唯一的玩具，这是因为：首先，这个难度太低，大部分男人巴不得女人来玩玩自己，既然是培养对输赢的不计较，那么第一步就该放开自己，在一些陌生领域晃荡晃荡比较好；其次，感情往往是个很微妙的东西，所以我们需要其他的地方来平衡。如果把趣味、感情和精神伴侣全部集中在一粒蛋身上，一荣俱荣，一损俱损，那也不太可能对输赢一笑而过了。

玩游戏，应该讲究个输赢，打一场游戏、学一个毫无实用的技能、玩一场比赛都可以给自己定个输赢线，赢的时候可以请自己喝一口可乐，输的时候应该可以骂骂自己是个傻子。在这样的输输赢赢中，慢慢地培养出一些坦荡和豪迈：我来地球走一遭，我要过也能过自己想过的生活；虽然我走得不快，但我愿意这么走下去。

追求不是一场冲刺赛

以前有个很经典的问题，是说为什么有人敢教男人怎么约女生，怎么没有什么学教女人怎么追男人。其实，这就是一个男女目标的差异，对于大部分付费被教授的男人来说，约女生基本上至少要亲到、搂到，到这一步，老师们就都功成身退去数钱了。但对于女生来说，和男人发生关系这个简直是EASY中的EASY模式。而每个人心目中的终极需求，我希望有一个美满的长期两性关系相随人生。这不仅仅需要两性之间的认知，同时也非常需要女性提高对生活目标的认识能力、本身的经济能力、心理调节能力，还有一点点运气……谁敢说这种事情能从入门到精通一百天包会啊，连我们这些两性写手都还在弯腰摸石头呢。

基于女性对男性的追求基本上不是性需求，所以对于大部分女性来说，都应该明确追逐不是一场冲刺赛。除非你已下定决心目标只为实现只要对方不揍我就能先把婚结了，堵住周围亲戚的嘴这种简单粗暴的目标。我这里要申明下，我完全不认为设定简单粗暴的目标有什么不对，每个人内心的需求只要不是陷害他人，都起码应该得到自己的肯定与尊重，但整体来说，我并不相信人的需求是简单的。人性那么复杂，人的需求有时候也比自己认为的复杂。我倾向于相信每一个女生都有一个终极幸福目标的存在，而我们也是为了这个终极幸福目标而控制自己、而努力、而奋斗的。所以，在终极幸福目标面前，有时候急于求成反而是一件很拖后腿的事情。

许多人（包括许多男人）总是把男人的人性想得太简单。在这些人的潜意识里，男人就是一种三分钟能决定爱不爱你，爱你就会满足你所有需求，会完全以女人为第一优先考虑级的生物。所以，他们在彼此了解的时候非常浮躁，每天聊天就觉得这是追求，已经可以表白或者被表白了。而一旦对方没有表白，或者被表白不置可否，他们就急着要确定关系，而且不管确定还是不确定关系，他们都不再允许对方有那么一丝一毫的犹豫，交往的朋友、要发展的事业，还有未来想过的生活，都必须去尊求并且同意女性的意见……大部分女人来诉说刚刚认识的男人不冷不热，不爱和自己沟通的时候，细问她们才会知道，那叫沟通吗？那叫只能听你的。

也有些女孩比较猛，上来就问：“强吻有用吗？灌醉直接推倒可以吗？”我虽然也是个流氓，但也忍不住说：“不能因为法律目前不保护男方受到性骚扰，就真的去性骚扰人家啊……追求，也请追求得坦荡，不要走猥琐路线。”

每个人都有自己的设想和矛盾，就好像不是每个女人都拜金一样，每个男人也不是只要女人不难看就会去做那个女人的男朋友甚至老公啊，有的男人也不是看见女人漂亮就一定会浮想联翩的。成熟的人都是理性的，而理性的人在没接受到明显诱惑的时候，是不太会单纯地以欲望为出发点而行事的。我们倾向于一个美好的人是一个成熟的人，那么在等一个成熟的人做决定的时候，我们应该给他判断、犹豫、反复甚至拒绝的机会。而这个一开始的判断和犹豫，甚至拒绝，只要自己能搞清楚原因并有能力投其所好，就并不一定会对今后长期的交往造成太大的阴影。

有些人，从热到冷，也有些人，从冷到热，还有些男人是会反复的：一开始面对女性的追求，他们心怀好奇甚至言语暧昧；然后担心自己驾驭不住就产生退意，彼此冷淡；但通过时间和一些契机，彼此了解产生默契以后，有时候又真的能产生一段甜蜜的关系。而这一切，都基于女人在追男人的时候，不要一开始跑得太快，不成功就成仁，绊倒在离起跑线一百米的地方。

了解别人的需求，与对方产生亲密的情愫，与对方培养出互相信任的氛围，甚至与对方共同产生打死不放手的豪迈，这都不是死缠烂打、哭哭啼啼、拼命诉说自己的委屈，自我推销、恳求别人的情况下会发生的。给自己一点信心，给对方一点时间，不要把追求弱化成一种死缠烂打，增加出镜率不是代表无时无刻地试探对方喜欢不喜欢自己。要找一个成熟的对象，就先成为一个成熟的人，会关心，会逗趣，会撒娇，也会点到即止。

追求别人，我不知道最好的办法是什么，但我知道哪些办法是与幸福生活背道而驰的。时间宝贵，不要浪费。在追求的过程中，发现自己的弱点，控制他或者接受他，这些都是自己的一种成长，不是浪费。所谓浪费，是你在错误的追求方法上反复用力，还期待得到一个圆满的结果，在得不到时没有接受的坦荡，反而充满了被亏欠的郁闷和怨恨。

和别人在一起也好，单身的时候追求别人也好，其实要承认自我的自私，调整自己，但也接受自己。这样才会调整好节奏，跑完这一场人生长跑。

房子，究竟对你们有多重要

看到过好几个例子，有些人恋爱谈得好好的，然后也谈婚论嫁了，这个时候，就因为房子上面加不加名字而谈崩了。女孩子很委屈：“我嫁过来了，为什么房子没有我的一半，我们要一起还贷的呀？”男孩子也很委屈：“你到底是看中我，还是看中我的房子了？”

让两个小年轻一下子既失去了对爱情的信任，又失去了对金钱的理解，这实在是一件很不划算的事情。所以在交往初期，没必要告诉对方自己已有的经济生活基础，任何大额的、可能影响到对方判断的已有基础都应该放置一边。这样才更容易通过平常心来理解彼此的肉体和精神的和谐，也更方便真正理解对方的消费观念。

而了解到对方的消费观念，比知道对方拥有什么更重要。

一个人，在经济不宽裕的时候，也能保证自己的穿着适合所在的场合，干净得体。另一个人，钱赚得也不少，但是却几个礼拜不带换一件衣服的。那么，前者更容易理解女孩子在为外表而付出的一些花销，而不会默默认为买奢侈品是一种愚蠢或者虚荣的行为。

一个人，可能目前事业的变现能力并不强，但他请人做事有分寸，知回报。另一个人，也许事业在蓬勃发展，一拍胸脯都是“兄弟，我没问题”，但其实赚了钱还鄙夷是对方脑子不好使。那么，前者在婚姻经济问题上会更理性，把女人看作一个合法的家庭经济共有者，而不会觉得赚得少的人就完全是一个家庭的寄生虫，我养你已经是对家庭天大的贡献了。

当然，这些经验不是一天两天就能看得出来的，甚至不是一年半载理解得到的，所以年轻人谈恋爱，要敢于试错，对错误的反思往往就是自己的财富。而如果躲避在父母的权荫下，做着父母给找的工作，住着父母给供的房子，带着看起来光鲜亮丽的条件去接触别人，不仅会影响他人的判断，也会影响自己对自己的评价。不敢暴露自身真实条件的年轻男女，恋爱谈个三五年，也不见得敢做自己的主。而这种关系，最后又会因为反正谈了那么久了，对方条件也不错而勉强结婚。在没有设定规矩和获取判断时，两个人盲目地住在同一个屋檐下，那么更容易放任人性的软弱和丑陋。

对于女孩子来说，克制住自己的虚荣心，不要把男女关系看成第二次投胎，不妄图借着爱情的名义去瓜分对方的财产，这也是很重要的一课。男人喜欢你，请你吃大餐，给你送豪礼，这当然是很开心的事情，但如果要长久关系的平衡与美妙，则还是对金钱这种交换媒质坦然一点好。会享受好的生活，也应该学会创造好的生活回馈对方；能过平淡的生活，但也学会在平淡中寻找激情和乐趣回馈自己。不要因为对方比你有钱、比你有社会经验和变现能力，就觉得自己占了便宜，并充满信心地觉得自己以后会一直占这个便宜，然后把自己的下半生依靠在他身上。学会人与人之间的平等与平和，这对于女性来说是很重要的，甚至比对男性更重要。这是因为人类的发展，需要优秀经验的传承，而传承的起点，是从一群叫作母亲的生物开始的。

所以这一切，都从约会初期，不要问对方有没有房子开始吧！

是时间不够长，还是新欢不够好

许多人都觉得，如果你忘不了EX，那么要么是时间不够长，要么是新欢不够好。也有些人很苦恼，明明新的恋情也不错，但也会时不时地想起EX，心里略有一酸……“是不是我真的不喜欢现在这一个啊”，在这种纠结中，人往往会损失许多精力。

其实一件事情，美好也罢，狗血也罢，只要它在你的人生中有了一定的特殊性，就有可能变成了你自己的一部分。我们常常会问：“我是谁？”“如果把我的记忆抽空，来一次不一样的经历，那么这个我和那个我，是同一个人吗？”

有的时候，我们早就不知道也不在乎那个过去的人是什么样子的了，我们所放不下的，是那些和自己有关的过去的经历。比如，自己心动的经历、惶恐的经历、害怕的经历、克制的经历、歇斯底里管不住自己的经历……那些让自己觉得“哦，原来我还有这样子的经历”，不管时间多长，新欢多好，都是很可能忘不掉的，只是有些人觉得丢人，不再敢提出来，甚至不再敢对自己提出来而已。

我们之所以忘记不了许多美好的事情、痛苦的事情、纠结的事情、狗血的事情，我们之所以在感情里会犯糊涂，会去做一些别人笑话我们傻的事情，甚至会去做一些自己笑话自己傻的事情，是因为我们在一次次探索，并不希望忘记——我是谁。

只要我们经历的感情不是罐头类的流水线感情，我们都不大会忘记那些曾经的幸福或者伤痕。虽然没必要刻意想起，但也没必要刻意忘记。这是我们的一部分，如果不承认自己曾经蠢过，或者刻意逃避当时的错误和收获，人又怎么能长大呢？

喜欢一个人，到底应该喜欢他什么

年轻的时候，我是一个善于追求别人的女流氓，所以也经常会被问："你为什么喜欢我？你喜欢我什么呀？"

这种问题，当面的时候，我总是嬉皮笑脸地说"喜欢你这张脸啊"，别人也就假装不满意，然后笑一笑就混过去了。但有的时候，我自己也会想："哎，我喜欢一个人是喜欢什么啊？为什么人会喜欢这个人，不喜欢那个人？为什么有的人并不帅，也不会说话，还傻乎乎的，就是喜欢他，而有的人在一起也谈得来、笑得开，却只有朋友的感情呢？一样是别人买礼物送自己，如果是喜欢的人送的，就会想，他一个大男人，自己去逛商城，然后去挑东西，营业员会不会问"先生，你买给谁啊，送女朋友吗"，他那时候肯定也会想起我，会想我到底喜欢什么啊，该送我什么啊……他这个时候，肯定有点开心，也有点尴尬。想到这个场景，我觉得我自己的心都要被自己融化了。但如果是普通朋友送的，就只会想，哦，多少钱，我该买什么回礼？

喜欢这个玩意儿，到底是喜欢个什么玩意儿呢？喜欢那个人，到底是喜欢什么呢？

后来我才明白，我喜欢那个人，是喜欢与他在一起的时光和自己的心情。虽然这样说有点自私，但我喜欢和他在一起时的自己。在喜欢的时候，在喜欢的人面前，我会因为他的开心而满足，这样好像满足感多了一倍，也会因为他的不开心而想办法，这样好像自己也是个有用的人的样子……开心的时候变多，觉得自己是一个有用的人的时候变多，就有很愉悦的心情，喜欢产生了这种愉悦，愉悦又加强了喜欢。和这种良性循环相比，那个人的容貌、走路的姿势、说什么话、做什么工作……只要不是直接和我有关的，都似乎变成和“喜欢”无关的东西。

所以这个时候，当别人问“你喜欢我什么”的时候，的确说不出什么完全独立于我的存在、我喜欢他的地方，必定有和我相关的部分，这就类似于：我到底喜欢你什么呢？我喜欢和你在一起时，对待这个世界的方式和信心。

做猎物有什么好得意的

喜欢说话、写文章，但也难免会遇见找碴儿的。这也很正常，天下不是一个人的，话说出来，就要做好被人反驳的准备。但是，我很想不通的是有一类女人，她们明明是女人，但却不把自己当成人，她们对自己的定位是：女人是猎物，只要保持漂漂亮亮，然后等男人来狩猎就可以了。而且，她们一看见我说女人也可以和男人吃吃饭，马上就说出“哎哟，女人要多丑才去倒贴男人”，好像女人所有的优点都是外表，所有的价值只有肉体价值一样。

我不明白，做猎物有好得意的。为什么男人和女人吃饭，男人就不会把自己看成是猎物而是主人，而女人，似乎只要和男人说一句话，就自降成了猎物呢？

我们追求的，本来就不是什么嫁掉这种结果，而是和一个喜欢的人共度一段人生。不是做一个宠物，或者傻傻地以为自己可以坐在宝马车里哭。我虽然赚不到宝马三，但是买辆马三总是可以的。许多东西，是可以自己给自己的，但唯有爱与理解，是要相处相知，才能互相给予的。

但是，许多所谓的情感专家却把一段感情看成一个交易，男人是主人，这个主人负责的是追求你、养你、哄你开心、抛弃你，而女人是宠物，只要打扮得漂漂亮亮，然后男人追你是给你面子，男人抛弃你，那是因为你太丑啦。而所谓的独立、聪明、理解别人，都变成了做不了宠物的时候的迫不得已的技能。许多情感专家在讲女人要独立的时候也的确讲得头头是道，但很快就会话锋一转，传导一些怎么让男人请你吃饭，怎么让男人送你礼物，男人爱你就会在你身上砸钱的占便宜的思维。

这些人都把感情看成什么了啊，那么喜欢用金钱来衡量自己的美貌，干脆敞敞亮亮地去卖也是一条汉子？！打着真爱的旗号，却以榨干男人或者嫁金龟婿为人生目标，如果别的女人说和男人要平等相处，要给男人理解和支持，这些人就嘲笑别人丑，嘲笑没拿到钱或者结婚证就和男人发生关系是倒贴。他们把结婚证看成上床许可证，自以为划算，但不知道他们看到的真的只有外表，到年老色衰难道就不会遭遇离婚吗？

不过有时候，我也替别人打算太多，因为这些自以为有姿色的猎物，往往自己根本一个知心男人都没有，还都待字闺中在算钱呢。

两人过日子，没有谁讨好谁的概念

有个同事是美女，但她说，她第一次去婆家的时候，她被嫌弃过不好看。当时我觉得，说别人好看不好看不是很不礼貌吗？如果我知道谁说谁不好看，我肯定要烂在肚子里，不能去搬弄是非呀。

想到这个，我又觉得，和口无遮拦的阿姨们聊家常，肯定是很累的事情吧。今天，我就看见知乎网上有人问女生第一次去婆家怎么穿，回答得都类似于去面试。总觉得哪里不对，因为我一直觉得人是依靠能力和感情让别人喜欢自己的，而不要太相信靠关系和讨好就可以让别人喜欢自己。也许在这个社会上，我们为了办事会托关系拍马屁，但这肯定都不是关键因素，关键因素还是你可以给对方带去多少好处。第一次去婆家也一样，无非是去男方长辈家与男方家人认识认识，有礼貌是应该的，但是不应该太伪装自己。

姑娘嫁人，是嫁给一个男人，是为了和这个男人共同撑起一个小家庭，共同挡风遮雨的。这个家的女主人是自己，男主人是男人，除了这个小家，没有刻意讨好其他家庭成员的必要。

而且，婚前和婆婆见面的机会不多，婆媳之间不要产生矛盾已经算上上签了。对自己男人不评价他父母，我觉得是一种基本礼貌，但保持基本礼貌最好的办法就是不要盲目地拉近距离，另外一点就是坦诚相见很重要啊。作为一个在同性面前内向慢热的人，刻意热情讨好会让自己很累，而且刻意的改变肯定都是有所图的。有所图就会有焦躁和失望，双方都会累。我觉得喜欢我的人，只要我男人就行了。我不图其他人喜欢我，只要别太讨厌，互相礼貌客气就可以了。穿着朴素、少话、礼貌的本性，基本上就不会太讨人嫌吧。

而且，如果你刻意去讨好对方，那你怎么知道如果以后万一性格不合发生矛盾，你男人会不会坦然处理呢？趁没结婚，自然一点，如果不讨好别人，自然表现会让老人家讨厌，那么定夺权和解决的办法就看男方了。我没有为了嫁一个男人改变我的性格的想法，何况既然别人要娶我，那说明他是喜欢我性格的，而且我和男方家人以后还是要打交道的，我改得了一时，但我改得了一世吗？趁现在大家都轻松，一开始就知道性格不合，那么男人多少也会刻意地拉开距离。如果一开始就装得你亲我亲，别人也不知道你们其实心里互相不爽，没准还拉拢拉拢，那终有一日，争吵就会爆发了。平常打交道本来就雷点爆多，特别是有了第三代以后，谁说了算？如果自己的男人是毫无主见的，一定要大家一家亲在一起的，没有其他的解决办法，那我也当然趁没结婚、没孩子，继续选择更合适我的啊。

两人过日子，没有谁讨好谁的概念，无非就是看合适不合适。有些问题，平时你侬我侬看电影、滚床单的时候是不知道的，所以要趁双方家长在认识和打交道的时候也别忘记判断双方合适不合适。如果自己为了结婚先刻意隐瞒，放弃观察机会，那日后有了矛盾，就要是花几倍力气去解决。

总之，如果平时不是刻意打扮的姑娘，也没有什么好刻意打扮的。平时上学、上班怎么穿，见公婆就怎么穿；平时穿高跟鞋的，那也穿高跟鞋；平时休闲党，也就休闲党……不要刻意讨好，也不要刻意刁蛮，小辈当然要有小辈的礼貌，长辈也可以有长辈的气派，但这都不建立在隐瞒本性的基础上。一切都当作见一个普通的长者，礼貌、本分、不卑不亢就可以了。成熟的男人不会让自己的爱人去刻意讨好自己的母亲，只有不成熟的男人，平时把你当公主，但如果觉得不讨好自己妈就是让自己没面子，那么结婚的事情也就应该缓缓。结婚过日子，靠的不是面子，靠的是合适、智慧和互相尊重。

我和我婆婆之间，属于比较客气地相处、偶尔聊聊八卦的关系。婚前婚后去我婆家，基本上都是我老公对他爸爸妈妈撒娇，或者他爸爸妈妈对他撒娇，我在默默地看书什么的。在我们家，就是我和爸爸妈妈斗嘴撒娇，他抿着嘴一边笑，一边看报纸。在彼此的长辈家里，配偶只是个有分寸的客人而已，这是我们第一次见父母就定下的调调。

忠诚与爱情

借这个地方，我想说下关系的分类。为什么我们有许多见异思迁还双输的故事？我个人认为是大家过于简单粗暴就“相信”了爱情，然后就以为爱情等于忠贞。

也许你相信的爱情，或者说两性相处的方式，和你想的不一样。

有一种两性相处的方式，是精神类关系，就是双方都不再认为对方以外的人是感情同类。他们很默契，成长的速度、彼此信任的能力、彼此抗压和解决对方需求的能力都恰到好处。这类爱情，其实样本并不多，但这类爱情是忠贞的，因为其他人已经完全都不是同类了。

接下来，忠贞程度高的是依赖型关系，一方由于自身的某种原因而主观或者客观地强烈依赖这段关系，这依赖方也是忠贞的，因为他不敢或者不能再有所选择。

有些人的爱情方式是守序型关系，这有可能是忠贞的，因为这个人守的是“这个规则我相信是对的，所以我遵守”。遵守忠贞条件的人，在古代也许就是自己不能生养而帮老公积极纳妾的人。不是所有守序型人都是忠贞的，有些人遵守的是“我是对的”的绝对正确理论，这种人很可能是不忠贞且毫无维和感的啊。守序型的性格是比较稳固的关系定态，因为他们的感情其实和另一半关系不大，这类人的决策基本完全和“我”自己有关。

大部分人，在恋爱的时候，是功利型关系。也就是说，我们喜欢一个人的原因是比较现实的，可能是帅，可能是漂亮，可能是对方给人一种稳重的感觉，可能是对方可爱亲切，总之是一种表象化的有利因素让我们对别人产生了想发生关系的动机。这个动机是表象的，是功利的，是可以比较的，所以这个时候，我们其实既没有精神类感情的忠贞，也并不能完全遵守守序型的忠贞。

有些人的功利型是单线的，他们会和一个人谈一段时间，然后分手，再找下一个。这样的好处是，我在功利型比较的时候，不需要对方同意，坏处是如果比较发现前者更适合回头，那就成本高性价比低。

另一种人是多线功利型，他们同时希望观察好几个，然后挑选合适的一个。

功利型关系的转折点就是：是什么动机让这段关系走精神型路线？我个人认为是交往中产生的重大决策，比如重大分歧的解决，比如比较激烈的互相试探后的互相信任，比如共同经济利益体以后的互相帮助和信任，或者加深了解以后某方面的互相欣赏。关系是会变化的，功利型关系会变化为精神型的，精神型的也会变化到功利型的。

网上也有人是这样的，属于典型的功利型感情，我相信不管网友怎么说，他仍然会去考察第三方姑娘。我还是建议他和自己女友说清楚，大方地去考察和第三方姑娘的互动，因为越在远处观察，判断越容易失误。我不建议隐瞒，因为一旦在关系里信息不对称，也会影响关系的变化。要知道，大部分非依赖型关系的人，最终两性关系的舒适感并不在于和一个人睡了、花对方的钱或者黏在一起而实现的，舒适感是来自于对自己的认同——对这段关系的认同，以及认同以后可以事半功倍地营造双赢环境的自豪感。一旦有所欺骗和隐瞒，就是对自我的否定。长此以往，有可能变成固执类的守序型自我，或者就是徘徊在功利型关系中。

我之所以写出来，是希望大家能正视自己在恋爱时的功利型关系，遇见功利型关系，不要采取鸵鸟政策。

这种鸵鸟政策经常表现出两种现象。一种多在于女生，大部分人其实并不是守序型，但她们强迫自己是守序型，这导致的结果是这类人非常需要外在的判断不断“激励”自己的守序思维。其实许多人刻意在乎盛大的婚礼，刻意炫耀老公对自己有多少多少好的行为，都是压抑恋爱时功利型的结果。因为在恋爱的时候放弃了选择，所以必须要有外力来相信自己的选择是对的。但我说过，人其实在关系里的满足并不是通过别人来实现的，最终，满足是通过对自我的努力而拥有的自豪感，不正视自己的关系，关系就会很难从功利型转换为精神型。有可能在婚前几个月或者几年的自我隐瞒和欺骗，造成的是婚后几十年的欲求不满。

另一种鸵鸟政策就是我知道我的感情是功利的，但觉得就这样吧，我有其他事情要做，比如赚钱、升官、买房子，人和人之间的关系对我不重要。这类人表现在会刻意地顺从对方，或者逃避纠纷，用拉开距离来弥补在关系中的不满足甚至厌恶。这种现象经常发生在男人身上，他们觉得结婚就是到时候选个合适的太太而已。大家都是这样，不再相信感情的变化，刻意的逃避会导致互相的冷漠和不信任，而且在意志力薄弱了或者心灵空虚寂寞了以后，他们仍然会寻找其他的功利型关系。

而任何一种逃避，都会让人由于对自身欲望的不敢正视，导致对他人感情的刻薄、冷漠和粗暴。要相信大部分人不是圣人，不是禅师，人是有弱点和盲点的，是会冲动选择甚至会错误选择的，试错也是恋爱的一个目的。一开始，可能我们不知道什么是对的，我们渐渐知道什么是错的，然后渐渐培养什么是适合自己的。正如水木丁所说："在恋爱时，挑选是一种权利。特别是功利型关系的双方，更要明白挑选是一种权利。只有正视自己的选择权和欲望，才有可能完善一段开始并不完善的感情，才有可能相信自己做出的决策，才有办法也有勇气保护自己做出的决策。"

男人，谢谢你当年的一直照顾

参加朋友的告别单身聚会——其实就是两个女人给自己吃吃喝喝找借口，等我们出来，朋友的男朋友已经乖乖地把车停在门口了。我马上厚脸皮地说：“哎哟，我家离这里只有三公里，顺便送一下我嘛。”朋友马上说：“送一下吧。”她男朋友当然马上说好。然后，我们在车上讨论下一次去哪里，她嫌这里太远，我嫌那里回家不方便。她男朋友默默地听了一会儿，说：“没关系啊，你们现在有车夫了。”朋友很开心地笑了，我则马上大拍马屁说：“好男人啊，好男人。”

回家后，我就和春哥说，朋友找到了一个好男人，明年顺利的话，我要和她一起去度蜜月啦。然后，身为一个自恋的女人和自恋的妈，我也忍不住感慨：“也许我今后的岁月里，也不会遇见下死力来追求我的男人，也不会有我下死力去追求的男人了。”

年轻的时候，我就是一身蛮力地追求，打电话，在车站等他。那时候，没有聊天工具也是件幸事，每一次接触都充满了仪式感。我记得下雨的时候，我把雨伞藏起来，在他下车的地方眼巴巴地等，然后说：“我没带伞，可以送我回家吗？”我们就同走一段路，虽然在同一把伞下，我和他仍然保持着一个拳头的距离。我后来也知道他那个时候喜欢的是另一个女生，但这种下死力的感觉和那一个拳头的距离，现在想来，我都忍不住要拍拍自己的肩膀，说："你干得好！"

后来，我就不会下死力去追一个男人了。我学会了奉承，学会了暧昧，学会了撩拨，学会了欲擒故纵，也觉得感情这种事情嘛，有当然最好，没有就没有啦。这个人不喜欢我，那么我去寻找下一个吧。我的喜欢，渐渐变成一个很容易的事情，如果三个月没有喜欢上一个什么人，没有追过一个什么人，我还觉得有种没有目标的空虚。我很难想象，我以前追一个男人追那么久，而且就连一句"我喜欢你"的话都不好意思讲。

那个时候，我也不喜欢别人下死力追我，也许是追人追惯了，如果一个男人不停地跟我QQ聊天、不停地奉承、不停地约我，我会觉得有点无聊，好像我本来的主场优势被别人抢去了一样。我就冷冷地不会做任何回应，直到他自己默默地把我拉黑。但这么说来，也是有一个人成功的。他问我要不要接送，每个礼拜都约我吃一次饭。当然，我一开始也就有点喜欢他，于是就很享受有司机先生的日子。那时候也有女孩子的虚荣心，就不告诉他其实我也喜欢他，就看他下死力追呀追。有一次，我忍不住嘲笑他，说："要不要我教你怎么追女孩子？"

他说："不用的，如果觉得对方是好女孩，如果自己喜欢她，男人追女人只有一种方式，就是用时间来检验自己的真心。”

那一次之后有一个周末的晚上，他终于忍不住表白说他出去玩，满脑子想的都是我。我就不再用那种回复朋友的戏谑的口气说：“下半身管不住啦，去找个小姐？”而是很肯定地说：“是的，我也想你！”

当然，后来的后来，我们不太和平地分手了。

昨天想想还觉得自己做得不太好。那时候不懂事，分手了也忍不住恶狠狠地责怪对方、嘲笑对方，然后假装什么事情都没有发生过地和别的男人调戏，都不会和对方讲“谢谢你一直的照顾”。这么想来，他现在应该也是快四十的大叔了，他不知道有没有嘲笑过当年花死力来追求一个其实彼此不怎么合适的女生的自己，他会不会想起我，我们会不会偶尔在人潮中见一面。

好吧，不毒舌了，总而言之，谢谢你当年的一直照顾。

好好谈恋爱，否则多浪费

前几天，网上有篇文章很红，意思是说结婚对于女孩子来说挺亏的，许多女孩子结婚就等于做个别人免费保姆和苦逼的孩子的妈，只要女人有钱，不如不结婚。

其实呢，我觉得这事得分开看。一方面，我承认就个人角度来看，许多男人的确送给我，我也不要，送给我女儿，我只能当眼不见心不烦。这没办法，我不能把整个银河系都拯救成我的后宫啊。我想大部分女人也是这样，不可能每一个男人都喜欢，肯定有自己的要求的。所以，结婚不结婚，这是个人私事。但另一方面，寻找到与自己合适的男人，还是需要时刻记住并努力的，哪怕就是不结婚、不生孩子，仍然不应该轻易放弃寻找一个适合的男人。

因为恋爱这个玩意儿，可以让人软弱，可以让人坚强，就好像一句话说得好：“爱情让你有了软肋，也有了铠甲。”我们来人世走一遭，除了吃点自己没吃过的美食，看点没看过的风景，懂点自己本来不懂的道理。还有一件重要的事情，就是你有了软肋，有了铠甲，有了愿意保护他，为他坚强、为他负责、为他有跌倒了也要爬起来的理由。这个理由，当然可以是血脉相连的亲情，但更多的是爱情。

男女交往，是一种启智，是一种从被保护者往自立者、保护者转变的启智。这就好像六岁的孩子可以开始开发智力了一样，十几二十几的孩子，也非常适合开始男女交往。在没有血亲的呵护、利益的冲突下，我们怎么通过感情这种脆弱又私人的方式和别人相处？这当中会有冲突、有矛盾、有争吵、有反省。有的时候，我们发现自己傻的地方，有的时候，发现别人傻的地方。然后呢？会慢慢地变得聪明一点，也宽容一点，也会慢慢地有眼光，知道什么人合适，什么人是不合适的，知道什么方式合适，什么方式不合适。于是，在茫茫人海中，你就多了一个战友、一个旅伴，一个他脆弱的时候可以照顾他，自己脆弱的时候不担心会给他添麻烦的家伙。

来人世间一遭也挺幸运的，所以完全没有必要因为恐惧而放弃了这种寻找和学习。再说，一定会受伤的话，肯定早一点比较好。年轻的时候，精力充沛，其他分心的事情也少，脑子和体力都够用。失恋了以后，一碗热腾腾的红烧牛肉面就可以安慰自己继续向前看。女人当然可以不急着结婚，但去寻觅合适自己的男人、去和他们接触接触、去学会处理亲密和独立的关系，使感情和事业知识得到平衡，这种技能，早点有所准备，也总是好的。

我比较讨厌一个论点，就是没有道理地先把女人“打残”了，类似于女人一谈恋爱就本能地变笨了，女人一有男人就本能地没有事业心了，女人被人骗一次就本能地一辈子爬不起来了。真是的，如果人一直遵照本能，我们不是应该在土里打个洞或者爬到树上睡觉吗？你有种顺了本能不买房啊，你一辈子住树上，我才相信你真的事事遵循本能，要不就别把所谓本能当借口。如果人生是一场战斗，战斗的对象应该是拖幸福后腿的陋习嘛。如果女人恋爱的本能是软弱、是唠叨、是哭泣，那么在“我爱你”的名义下，我也要把这些本能给克制住。也不知道这种所谓本能到底做过多少双盲实验，就先不负责任地给广大姑娘们一句“你不行啊”，你谈了恋爱就不行了？这算什么道理？除非天才，很少有人上手就把一件事情做得非常漂亮的，做任何事情，当然会交学费的，要犯错误，会不爽，会对自己的能力质疑。一个人告诉你不赔本可以发大财，你知道那人是骗子，所以姑娘们啊，如果有人和你说只要年轻看得过去，天上就掉金龟婿，那也是骗子啊，大嘴巴扇上去。

好好谈恋爱，否则多浪费！

人需要一点输了可以承受的游戏精神

心情无法梳理，这个主要是因为有一天，我得知一个熟人在工作的时候昏过去了。当然，所谓熟人，就是我们之间其实没有什么很亲密的单一联系，但因为工作的关系也经常接触。她昏过去了，很危险，宫外孕大出血，据说送医院晚一点就有生命危险。

我去医院看了看她，她脸色苍白，但还强打着精神笑着说话。我看着一下子觉得很心疼。

她的家境不太好，丈夫家的家境似乎也不太好，不过她仍然是一个你去看她，她会强打着精神笑着说话的好女孩。为什么这个女孩的生活不能顺利一点呢？我无能为力地想。我忍不住对我朋友说：“为什么她要结婚呢？本来她一个人，潇洒自在，而现在到这般田地，而且这女孩最近这段时间身体虚，本来就不应该那么早就要孩子，她也不知道自己有孩子。对于男人来说，只是无意的一个失误，对于女人来说，差点命都没有了。这种粗心大意的男人，又能提供多少优秀的物质生活和精神生活？”

我有一肚子教女孩怎么去和男人接触的小点子，但是我仍然对“剩女”这个现象不以为然，我觉得大部分所谓“剩女”，有个男人，反而是个拖累。这些男人，开始要你照顾他，要你听他的话，要你既会赚钱，又要你会操持家务。你既要会孝顺老人，又要能生能带孩子。而且，他们也没办法让你的物质生活和精神生活上一个台阶。我当然觉得做妈妈也不错，但是如果孩子的爸爸是一副赚得不多，还觉得“我已经赚钱养家了，你就要乖乖听话，还什么都不懂”的嘴脸。我情愿做一个单亲妈妈，带带孩子，打打工，找找保姆，也找几个小男人、老男人做做情人。

就因为养育一个孩子不容易嘛，所以需要一男一女来搭配，但搭配的关键是，男人也要知道，家庭的重要性并不比什么老板、兄弟、赚大钱差。但除了责任以外，最重要的是培养对延续生活及生命的娱乐性。许多男人在娶了老婆以后，特别是老婆有了孩子以后，忘记了女人也是女人，她可不单单是孩子的妈，她也仍然有自己的物质需求和精神娱乐生活的哦。就连春哥，我觉得他已经蛮开明的了，但他也会忍不住说：“为什么你生了孩子仍然要出去吃饭呢？孩子真可怜。”

我就白他一眼说：“爸爸不能陪啊？我如果不开心了，然后不开心地对待你和孩子，那才叫孩子可怜。”

男女之间的矛盾是：有时候，我们无法在一个玩伴和孩子的爸爸之间平衡。似乎孩子的爸爸老是忘记你的性别属性，他们的确不会带你去新鲜的地方、下新鲜的馆子、买新鲜的玩具、看新鲜的风景。他们很现实地考虑这里是不是容易停车，人均消费多少，他们给你买的东西，你使用的频率有多高。真是可怜的中年男人。那么，这么早就想把自己变得那么无聊干吗呢？我有时候也忍不住劝春哥：“趁年轻还是应该去玩玩，你现在还能靠脸和身体吸引姑娘，不要等到五六十岁，你只能靠钱和地位来吸引姑娘了，那是很无聊的。”反正许多男人早就忘记了他们是男人，所以他们也忘记了女人是女人，他们的关注点，似乎都在面子和生养上面。所以，我励志起码自己不要忘记自己的性别属性，穿得好看一点，对其他人也温和点，多和朋友相处一下，永远野心勃勃地接触生养以外的世界。这个和做一个妻子和妈妈也不矛盾。许多女孩子都是每天很认真地工作，回家很认真地做家务、带孩子，话题永远在孩子和老公的身上，这实在是很可惜。我觉得人需要一点输了可以承受的游戏精神，而游戏精神当然是在玩里最容易培养啦。如果你的话题永远是输不起的东西，那这个世界不是会越来越沉重吗？我觉得，我的人生最好没有什么了不起的事情，我就替老天管管我自己，顺便爱一下、养一下我的孩子，就这样好了。

男女平等，这你也相信

每次有人拿男女平等来说事，我都忍不住心里默默地吐槽一句：我靠，这你也信。这就好比一个楼盘告诉你：面朝大海，春暖花开，然后步行五分钟就能到地铁，十五分钟就能到达人民广场一样。这世界上没有无缘无故的爱，所谓平等不过是为了便于权利的转移和交换所打出来的温情脉脉的广告。

男女平等要转移的是什么权利呢？是女性优生的权利，在我们女人朴素的思维里，首先肯定我们不想自己有娃养娃的时候被活活饿死，其次我们肯定不希望自己死在产床上。这表示我们：第一，希望在物质生存条件比较富裕的情况下生娃；第二，我们希望在自己年轻力壮的时候生娃；第三，我们不希望生一个又一个娃直到生死。因为这个本能和生死息息相关，女人的本能永远是测试这个男人有多少保护我的能力和保护我的心思。这个本能就好像男人只要简单地看哪个姑娘美，哪个姑娘穿得少，就流鼻血一样。

千百年以来，为了生存和生育，为了争夺有限的自然资源和女人的生育权，男人一直有着杀害他们的父兄、奸淫他们的妻女这样朴素的思想。但是，作为高等生物，其实有时候我们觉得没必要活得那么累。虽然我们没有天敌，但也没必要通过杀来杀去控制人口吧。何况，工业革命后武器越来越高级了，杀来杀去搞不好男人都杀光了，女人怎么办？总而言之，其实我们少生就可以了。我们如果把这个问题想得简单的话，那么我们把生产力搞上去了，把人口数量降下来了，就有更多的资源给更少的人用，大家都开心了。男人的雄性竞争不用那么残酷了，虽然生育权是不平等的，但男女数量是均等的。一个男人配一个女人，大家确保大家的后代是自己的，并可以健康成长到下一个生育期，大家都轻松了。

于是，因为一夫一妻的形成、生产力的提升、社会的稳定，男性的生育权被平均了，女性的优生本能被稀释了，我们拿什么去转移这种被稀释的权利呢？那当然是拿另一种权利：男女平等的权利，女子受教育和同工同酬的权利，男女平等给予女性优生以外的各项社会权利。受教育和同工同酬给予女人经济独立的可能，这就是我文章开头所说的——权利开始进行转移和交换。

但整个社会的转移和交换并不那么容易平衡，比如说一个女孩子在接受了高等教育以后忽然发现：“我靠，我现在自己赚啊赚也挺滋润的，找个男人生个孩子生活质量没上去反而下来了。没准以后这个男人把我一甩，我还得自己带个娃，他只要一个月付我几百块钱就可以了，不行，这买卖亏啊。但我去找个起码可以经济赔偿我的吧，这些男人都有主了，我去找个恩情并重的吧，可他们还是都有主了啊！”这就好比你选择一家饭店，发现有的饭店价钱贵，有的饭店饭菜脏，那价格公道口味可口的，又只能招待一个客人！于是，越是受过高等教育、经济独立的女性越有这种想法：不干了，老子大不了一个人过！

许多人都说“剩女”要求高，甚至，包括女性自己也纳闷，怀疑自己是不是真的很难伺候啊？其实，我觉得这归根到底，是生育本能和优生本能之间的矛盾，导致女性本来就是生育本能偏弱，很容易就被压抑住了。当你不明白自己在追求什么，这个要求当然会非常模糊。任何女性，无论受到什么样的教育，我们在寻找孩子的爹的同时，都忍不住要考量两个方面：他能保护我吗？他愿保护我吗？在“能不能”的问题被基本解决甚至可以被自己解决后，“愿不愿意”这个形而上的问题就完全没有标准答案了。于是，被平均生育权的男人发现：这个生育门槛又开始变高了。女人的要求是：懂她。其实这个所谓的懂她，就是个体男性为了追求个体女性的生育权所做的个体权利转移。

其实总的来说，我还是倾向于一夫一妻让我们脱离了为了生育的装备竞争，让大家把生活的重心从繁殖后代转移到了自身的能力培养上，男人不需要为了交配打仗，女人也不需要死在产床上。我们有许多丰富的自然资源可以享用，还可以减少两性之间的矛盾，特别是避孕手段的丰富和女子受教育的上升，女性也可以享受性爱，男人也可以享受女上位，但在大环境下，小小的矛盾和牺牲品仍然会不时出现。这主要表现在：一部分毫无优生优势又在权利的转移中体会到了屈辱的男性，以及生育了孩子却发现被男人抛弃又毫无赡养补偿，并因为母性本能无法将孩子抛给男方，从而感到屈辱的女性。所有的群体决策，往往会忽视个别个体的利益。从群体来说，我们期待更加完善的优生补偿，比如男女平等的完善，鼓励优生政策的生育补贴。而就个体来说，越快寻找到自己在本能和文明之间的平衡点，越容易给自己和后代谋求更好的环境。